中华优秀传统文化丛书

大众庄学

【内篇】

胡文臻　潘晨光　郭　飚　著

社会科学文献出版社
SOCIAL SCIENCES ACADEMIC PRESS (CHINA)

庄学应用研究委员会

《大众庄学》特邀庄学应用研究学者

李　星　蒙城县人大常委会副主任,《庄学研究》副
　　　　主编

杂　篇

王国良　安徽省庄子研究会副会长

李仁群　安徽大学原党委书记,安徽省庄子研究会会长

赵德鸿　哈尔滨师范大学文学院教授,博士生导师

刘　静　(女)新疆霍尔果斯市副市长,教授

王和平　新疆霍尔果斯中亚研究院院长、特邀研究员

李天明　中国社会科学出版社副社长

张　超　民盟中央科技委员会副主任,中关村工信二
　　　　维码技术研究院院长

谢春风　北京教育科学研究院德育研究中心主任,研
　　　　究员

樊沁永　扬州大学哲学系副主任、讲师

目录

序

张国祚

　　庄子，姓庄，名周，宋国蒙人，先祖是宋国君主宋戴公。他是继老子之后道家学派的代表人物，庄学的创立者，与老子并称"老庄"。庄子是我国古代独具风格、颇有影响的思想家、哲学家、文学家。其代表作《庄子》问世已有2200多年。

　　首先，庄子是著名的思想家。例如，《庄子》"内圣外王"的政治思想直接演绎出对"天子"和"匹夫"的贵贱观："时势为天子，未必贵也；穷为匹夫，未必贱也。贵贱之分，在于行之美恶。"这一破除迷信"天子"、贬低"匹夫"的道家政治思想，超越了一般伦理辨析，而对于中国古代德治思想的发展产生了重要的影响。

　　其次，庄子是杰出的哲学家。例如，《庄子》对老子

①　张国祚，教授，博士，博士生导师。我国知名学者、马克思主义理论家、中国文化软实力研究的领军人物，诗人。中国文化软实力研究中心主任，国家文化软实力研究协同创新中心主任，中央马克思主义理论研究和建设工程"国家文化软实力建设研究"首席专家，《文化软实力》主编。曾任中宣部理论局副局长、全国哲学社会科学规划办公室主任。

1

"道"的继承和发展。认为"夫道，有情有信，无为无形"，"神鬼神地，生天生地"，"自古以固存"、"先天地生而不为久，长出上古而不为老""在太极之先而不为高，在六极之下而不为深""杀生者不死，生生者不生"。这些论述看似玄妙，其实深刻在理。"有情"，说明道知善恶；"有信"，说明道的作用可验证；"无为"，说明道的作用是不知不觉的；"无形""在太极之先而不为高，在六极之下而不为深"，说明道是看不见的；"神鬼神地，生天生地"，说明道具有创造性，是万物的创造者；"自古以固存""先天地生而不为久，长出上古而不为老"，说明道在时间和空间上是无限的，具有永存性；"杀生者不死，生生者不生"，说明道的运作使万物常因特殊的际遇或兴或亡，但道的自身却永不消失，具有永恒性。可见，庄子对作为自然规律的"道"的阐释非常全面而深刻，达到了同时代人的高峰。

最后，庄子是卓越的文学家。通读《庄子》也是一种文学享受。通篇充满灵动的想象力，语言生动、形象、精美，构思奇妙多变，以诗歌般的对话讲述故事，阐发哲理，无愧为"哲学里的文学、文学中的哲学"。以诸多耐人寻味、引人入胜的小故事，阐发诸多大道理，例如，无为与有为、德位与地位、学问与实践、老师与学生、问题与治理等辩证关系，都是通过生动有趣的文学故事阐发的。庄子堪称杰出的寓言创作家。

正因为庄子是颇具文学家才华的哲学家，所以其在文学界的影响广泛而深远。唐朝诗人李白评价庄子："万古高风一子休，南华妙道几时修。谁能造入公墙里，如上江边望月楼。"表达了对庄子精神境界的向往。唐朝诗人白居易评价庄子："庄生齐物同归一，我道同中有不同。"认可庄子关于"人与自然"关系的观点。金圣叹夸赞《庄子》是"天下奇书"。鲁迅先生对庄子文章的评价极高，说庄子文章"汪洋辟阖，仪态万方，晚周诸子之作，莫能先也"，认为后期的各种思想流派的作品，没有能超越庄子的。郭沫若对庄子的评价也非常高，他说："秦汉以来的每一部中国文学史，差不多大半是在他的影响之下发展的；以思想家而兼文章家的人，在中国古代哲人中，实在是绝无仅有。"

常言道："文史哲不分家。"这是有道理的。凡是优秀的人文社科作品总能以优美的文笔诉说历史、讲述故事、阐发哲理。在这方面，《庄子》堪称范本。庄子以生花之妙笔、生动有趣的故事，阐发了深刻的哲理，阐释了"人与自然、人与社会、人与人"理应遵循的三大生存和谐关系，无愧为中华优秀传统文化中的一大瑰宝、一大富矿。习近平总书记一再强调，我们要对优秀传统文化进行"创造性转化和创新性发展"，以服务于新时代中国特色社会主义。这是当代中国学人应该接续完成的历史使命。

2018 年 7 月创刊的《庄学研究》，其办刊宗旨是"把论文写在祖国的大地上"，意在为"创造性转化和创新性发展"做出自己的贡献。中国社会科学院哲学研究所、中国社会科学院社会发展研究中心、蒙城县人民政府、安徽省庄子研究会等单位戮力同心、集思广益，大力弘扬庄学优秀传统文化，取得了值得重视的应用研究成果，并成功地将研究成果转化为一系列文化产品。安徽省庄子研究会也因此荣获

2019 年度 "全国社科联先进社会组织"。

　　《大众庄学》是关于《庄子》研究的一项优秀成果,是《庄学研究》编辑部与读书会联合组织一批《庄子》应用研究专家完成的。内容是对《庄子》内篇、外篇、杂篇等的普及性解读,是对《庄子》"创造性转化和创新性发展"的一种探索。读后有新意、有启迪,愿为序。

2021 年 7 月于北京

逍遥游

导　读

　　《庄子》一文晦涩难懂，古今中外的《庄子》研究者见仁见智，各有解读。笔者从自己近四十年工作经验的角度入手，与读者一起领略和解读《逍遥游》，希望对《庄子》研究有所裨益，对从业者的为人处世有所帮助。

　　世人一说《逍遥游》，就会想到庄子游离于尘世之外，不为外物所干扰，无拘无束的飘逸、潇洒和自由。但笔者却从《逍遥游》中感受到了庄子的愤世嫉俗和改造社会的勇气和决心，感受到了庄子对当时社会当权者的蔑视和嘲笑，感受到了庄子对理想社会的向往和追求，也看到了庄子对理想社会和最高境界统治者的设计和画像。因此，《逍遥游》并不逍遥，逍遥的背后更多的是庄子对当时社会的不满、悲愤、焦虑、嘲讽。

　　庄子倡导尊重自然规律和社会发展规律，倡导尊重自然、顺应自然、保护自然，倡导众生平等和人与自然、人与人之间的和谐共生。可见，鲲鹏展翅的九万里飞行并不轻松，而是带着几分沉重、几分悲愤和几分焦虑。让我们走近《庄子》，共同谈谈学习后的具体体会、感受及探讨其应用价值吧！

第1节

一　原文

北冥①有鱼，其名为鲲②。鲲之大，不知其几③千里也。化而为鸟④，其名为鹏⑤。鹏之背⑥，不知其几千里也。怒⑦而飞，其翼若垂天之云⑧。是鸟⑨也，海运⑩则将徙⑪于南冥。南冥⑫者，天池⑬也。

二　出场

鲲　鹏　北冥　南冥

三　注释

①北冥（míng）：北极大海。冥，通"溟"，广阔幽深的大海。慧琳《一切经音义》引司马注"溟，谓南北极也。"朱季海《庄子故言》谓"冥为极地大水"。陆德明《经典释文》、释德清《庄子内篇注》、胡远濬《庄子诠诂》、曹础基《庄子浅注》皆训为北海。钟泰训冥为冥冥之义。

②鲲（kūn）：大鱼。

③几：指不确定的数目。

④化：变化，化成。为：变成，成为。在《庄子》中有许多辩证法的思想，承认事物的发展变化，鲲变鹏就是其中一例。

⑤鹏：大鸟名。

⑥背：脊背。

⑦怒：形容鼓动翅膀。奋飞，奋起。

⑧若：如，好像。垂：通"陲"，边陲，边际。

⑨是：此，这只。是鸟：这只鸟。

⑩海运：指海动，因海动引起波涛动荡，此时必伴以大风，大鹏借此大风飞向南海。

⑪徙：迁移。

⑫南冥：南极大海。

⑬天池：天然的大池。

四　译文

北极大海有条鱼，它的名字叫鲲。鲲的体积巨大，不知道有几千里。它变成鸟，名字叫鹏。鹏的脊背，不知道有几千里；奋起而飞，它的翅膀就像挂缀在天上的云彩。这只鸟，风起海动时就要迁移到南极大海。南极大海，是天然的大池。

五　当代意义

在全面建设社会主义现代化国家的征程中，每一个人尤其是各级领导干部，都要胸怀祖国，放眼世界，面对百年未有之大变局，努力将自己培养成为像鲲鹏一样的大才，纵横驰骋，成就一番伟大的事业。

第2节

一　原文

《齐谐》①者，志怪②者也。《谐》之言曰："鹏之徙于南冥也，水击三千里 ③，抟扶摇 ④ 而上者九万里，去以六月息者也 ⑤"。野马 ⑥ 也，尘埃 ⑦ 也，生物之以息相吹也 ⑧。天之苍苍 ⑨，其正色邪？其远而无所至极 ⑩ 邪？其视 ⑪ 下也，亦若是则已矣 ⑫。

二 出场

《齐谐》 鹏 野马 尘埃 生物

三 注释

①《齐谐》：齐国记载诙谐怪异的书。

②志：记，记述，记载。怪：怪异，奇异。

③水击：拍打水面。水击三千里，说明鹏起飞时的声势极大。

④抟（tuán）：盘旋。扶摇：自下而上的暴风。

⑤去以六月息者也：指飞向南极大海，要用六个月的时间。息：止息。

⑥野马：游气浮动于天地之间，状如野马奔驰。

⑦尘：指尘土。埃：指尘土中的细小颗粒。尘埃：飞扬在空中的尘土粒。

⑧生物：指空间活动的生物。息：气息。以息相吹：气息相互吹动。

⑨苍苍：深蓝色。

⑩极：尽。

⑪视：看。

⑫是：此，这样。则已：同"而已"。

四 译文

《齐谐》这本书，专门记载怪异事情。《齐谐》说："当大鹏迁往南极大海时，翅膀拍击水面三千里，依靠六月强大的气息，盘旋而上九万里高空。"大鹏展翅高飞的强大气流，是生物因气息相互吹动而产生的，因而扬起像野马奔驰飞扬弥漫的尘埃。天空的深蓝色，难道那是它的本色吗？天空的高远难道就没有穷尽吗？大鹏向下看，也不过是这个样子罢了。

五 当代意义

在全面建设社会主义现代化国家的征程中，上至各级领导干部，下至普通百姓，都要有"水击三千里""抟扶摇而上者九万里"的雄心壮志，都要有"天之苍苍，其正色邪"的广阔视野和博大胸襟，都要有向着南冥天池——社会主义现代化国家不断展翅高飞的坚定毅力和恒心。

第3节

一 原文

且夫水之积也不厚①，则其负②大舟也无力。覆杯水于坳堂之上③，则芥④为之舟。置杯焉则胶⑤，水浅而舟大也。风之积也不厚，则其负大翼⑥也无力。故九万里则风斯⑦在下矣，而后乃今培风⑧；背负青天而莫之夭阏⑨者，而后乃今将图南⑩。

二 出场

水 大舟 杯 芥 坳堂 风 大翼 青天

三 注释

①且夫：表示要进一步论述，提起下文。厚：深。

②负：承载。

③覆，倾倒。坳：坑。坳（ào）堂：堂前的洼坑。

④芥：小草。

⑤置：放置。胶：粘住。

⑥大翼：指代大鹏。

⑦斯：乃，就。

⑧而后乃今："乃今而后"之倒文。培：通"凭"，凭借。培风：凭风，乘风。

⑨夭阏（è）：阻止，阻拦。

⑩图南：图谋飞向南极大海。

四 译文

　　如果水积得不够深，就没有承载大船的力量。倒一杯水在堂前洼地上，小草就可以当船；放一个杯子就会粘住，这是因为水浅而船大的缘故。风的强度不大，其负荷大鹏也就没有力量。因此能飞九万里则是因为大风在其翅膀之下，然后才凭借风力飞行；背负着青天而无法遏止地飞翔，而后才能飞到南极大海。

五 当代意义

在全面建设社会主义现代化国家的征程中，每一个人要想取得成就，做出自己的贡献，都要取得别人的支持和配合，就像船行需要水载、鸟飞需要风浮一样。而要取得更大的成就，做出一番惊天的伟业，则需要更加广泛、更加有力的支持，就像大船航行需要深水、大鸟飞翔需要大风一样。

第4节

一 原文

蜩与学鸠①笑之曰："我决起②而飞，抢榆枋而止③，时则不至而控于地而已矣④，奚以之九万里而南为⑤？"适莽苍⑥者，三餐而反⑦，腹犹果然⑧；适百里者，宿舂粮⑨；适千里者，三月聚粮⑩。之二虫⑪又何知！

二 出场

蜩 学鸠

三 注释

① 蜩（tiáo）：胡蝉。学鸠：楚鸠，斑鸠。

② 决起：不遗余力。

③ 抢：碰，撞。枋：檀树。

④ 时：有时候。则：或。时则不至：有时候还达不到。

控：投。控于地：落地，落下来。

⑤奚以之九万里而南为：此句为嵌语式，将"奚为"拆开，在其中嵌入"以之九万里而南"，表示疑问。奚为：何为，为什么。

⑥适：往，到。莽苍：城郭之郊的莽莽草色。

⑦反：同"返"。

⑧犹：还。果然：饱的样子。

⑨宿：过夜，指一夜。舂：在臼内把谷物的壳捣掉。

⑩三月聚粮：用三个月的时间积蓄粮食。

⑪之：这。二虫：指蜩鸠。

四　译文

胡蝉和楚鸠讥笑大鹏说："我费力地从地上飞起，疾速地抵达榆树和檀树，有时候还飞不到，只能落在地上罢了，为什么偏要飞向九万里的高空前往南极大海呢？"如果去近郊，只带三餐粮食即可，且当天可以返回，肚子仍旧饱饱的；如果去百里路远的地方，就要用一夜的时间准备干粮；如果远征千里，就要准备三个月的粮食。这两只虫鸟又哪里知道这个道理呢？

五　当代意义

新时代，每一个人都不要做"决起而飞，抢榆枋而止"的蜩和学鸠，而要做"之九万里而南"的鲲鹏和需要"三月聚粮"的"适千里者"。

第5节

一 原文

小知不及大知^①，小年不及大年^②。奚以知其然也^③？朝菌^④不知晦朔^⑤，蟪蛄不知春秋^⑥，此小年也。楚之南有冥灵^⑦者，以五百岁为春，五百岁为秋；上古有大椿^⑧者，以八千岁为春，八千岁为秋。此大年也^⑨。而彭祖乃今以久特闻^⑩，众人匹^⑪之，不亦悲^⑫乎？

二 出场

朝菌 蟪蛄 冥灵 大椿 彭祖

三 注释

①知：通"智"。不及，不了解。

②年：寿命。小年，短命。

③奚：何，怎么。然：这样。

④朝菌：一种朝生暮死的菌类植物。

⑤晦：天黑，晚上。朔：佛晓，天刚亮时。晦朔：指一日的时光。

⑥蟪蛄：寒蝉，春生夏死，夏生秋死。春秋，指一年。

⑦冥灵：树名。

⑧大椿：树名。

⑨此大年也：此四字原缺，后按刘文典《庄子补正》补正。

⑩彭祖：传说中的人物，姓钱名铿，尧时人，历经夏、

商、周各朝，活八百岁，封于彭，又年寿长，故称彭祖。
特：独。闻：名声，此处引申为著称。

⑪ 匹：比。

⑫ 悲：悲哀。

四　译文

小才智不了解大才智，短命的不了解长寿的。如何知道这样？寿命只有一个早晨的菌类植物，不可能知道一个昼夜的时光。寿命只有一个夏季或一个秋季的寒蝉，不会知道什么是一年。这就是"小年"。楚国的南面有一种冥灵树，以五百年为一个春季，以五百年为一个秋季；远古时代有一种大椿树，更是以八千年为一个春季，八千年为一个秋季。这就是大年。彭祖至今还以长寿著称于世。众人都想与他相比，不也是可悲的吗？

五　当代意义

在全面建设社会主义现代化国家的征程中，每一个人都要努力具有做好本职工作的大智慧，既不做目光短浅的"朝菌"，也不做鼠目寸光的"蟪蛄"，而要像"冥灵"和"大椿"一样，纵览中国上下五千年，横观世界宇宙，努力让本职工作服务于社会主义现代化国家建设的大局。

第6节

一 原文

汤之问棘也是已①："穷发②之北，有冥海者，天池也。有鱼焉，其广③数千里，未有知其修④者，其名为鲲。有鸟焉，其名为鹏，背若太山⑤，翼若垂天之云。抟扶摇羊角⑥而上者九万里，绝⑦云气，负青天，然后图南，且⑧适南冥也。斥鷃⑨笑之曰：'彼且奚适也？我腾跃而上，不过数仞⑩而下，翱翔蓬蒿之间⑪，此亦飞之至⑫也。而彼且奚适也？'"此小大之辩⑬也。

二 出场

汤　棘　冥海　天池　鱼　鲲　鸟　鹏　斥鷃

三 注释

①汤：商朝第一个皇帝，一般称商汤。棘：人名，即夏革（jí），商汤时贤大夫。革与棘，同声通用。已：语气词，用法同"矣"。

②穷发，不毛之地。

③广：宽。

④修：长。

⑤太山：即泰山，在今山东省。

⑥羊角：旋风。

⑦绝：穿过。

⑧且：将。

⑨ 斥鹦（yàn）：池泽中的小麻雀。

⑩ 仞（rèn），古代度量单位。

⑪ 翱翔：展翅飞翔。蓬蒿：野草。

⑫ 至：最。

⑬ 辩：通"辨"，区别。

四 译文

商汤询问棘有这样一段话："草木不生的北极，有一个广漠无涯的大海，就是天然的大池。那里有一条鱼，其宽数千里，其长无人知。它的名字叫鲲。有一只鸟，它的名字叫鹏，脊背像泰山，翅膀像挂缒在天上的云彩，凭借旋风飞向九万里高空，穿过云层，背负青天，然后向南飞翔，飞往南极大海。小泽里的麻雀讥笑大鹏说：'它将飞往何方呢？我纵身跳跃，向上而飞，不过几丈便落下来，因此只能在野草丛中飞来飞去，这是我能飞翔的极限。而它究竟要飞向何方呢？'"这就是小和大的区别。

五 当代意义

新时代，每一个人都不要做鼠目寸光的"斥鹦"，而要做扶摇而上、飞翔九万里的"鲲鹏"，努力将自己融入社会主义现代化国家建设的洪流中。

第7节

一 原文

故夫知效一官①，行比一乡②，德合一君③而④征一国者，其自视也⑤，亦若此矣。而宋荣子⑥犹然笑之。且举世而誉之而不加劝⑦，举世而非之而不加沮⑧，定乎内外之分，辩乎荣辱之境⑨，斯已矣⑩。彼其于世⑪，未数数然也⑫。虽然⑬，犹有未树也⑭。

夫列子御风而行⑮，泠然⑯善也，旬有五日而后反⑰。彼于致福⑱者，未数数然也。此虽免乎行⑲，犹有所待⑳者也。

若夫乘天地之正㉑，而御六气之辩㉒，以游无穷者㉓，彼且恶㉔乎待哉！故曰：至人无己㉕，神人无功㉖，圣人㉗无名。

二 出场

知效一官者　行比一乡者　德合一君而征一国者　宋荣子　列子　"乘天地之正，而御六气之辩，以游无穷"者　至人　神人　圣人

三 注释

①知，同"智"。效：胜任。

②行：行为，作为。比：适合。

③德：品德，道德。合：符合。

④而：通"能"，才能，能力。

⑤其：指上述三种人。自视：自己看自己，自己对待自己。

⑥宋荣子：指宋钘，齐国稷下学宫的学者。

⑦举世：整个社会。誉：赞誉。劝：奋勉，努力。

⑧非：责难。沮：沮丧。

⑨辩，通"辨"，辨别，境：界限。

⑩斯：这。已：止。

⑪世：世情。

⑫数数：犹"汲汲"。数数然：着急的样子。

⑬虽然：虽然如此。

⑭犹：还。树：建立，建树。

⑮列子：列御寇，郑人，春秋时期思想家。御：驾驭。

⑯泠（líng）然：轻妙的样子。

⑰旬：十天。有：又。反：通"返"。

⑱致福：求福。

⑲免：避免。行：步行

⑳待：凭借，依靠。

㉑乘：因。天地：指万物。正：本性。

㉒御：本义为驾驭，引申为顺从、顺应。六气：指阴、阳、风、雨、晦、明。辩：通"变"，指变化。

㉓无穷者：无穷尽的境界。

㉔恶：何，什么。

㉕至人：指思想道德达到最高境界的人。无己：忘掉自己，清除物我界限。

㉖神人：庄子理想中得道而神秘莫测的人。无功：不追

求功名。

㉗圣人：道德智能高尚的人。

四　译文

因此，才智能胜任一官之职的，行为能符合一乡人心的，品德能投合一国之君的且能力又能取信于民的，他们看待自己，也像麻雀看待自己一样，而宋钘却讥笑这种人。宋钘能做到当整个社会都赞美他时，他也不会因此而更加努力；当整个社会都批评他时，他也不会因此而更加沮丧。他能认定内我和外物的区别，能分清光荣和耻辱的界限。不过如此而已！他对世俗的声誉并不积极去追求。虽然这样，但他还有尚未建树的。

列御寇能驾风行走，样子轻盈美妙，十五天后方才返回。他对于求福这件事儿，从不汲汲追求。虽然可以免去步行的劳苦，但他还是有所凭借的啊！

如果能因循自然的本性，顺应六气的变化，以遨游无边无际的境域，他还有什么依赖的呢？所以说，修养最高的至人，能够忘掉自己；修养达到人所莫测的神人，不去建立功业；修养臻于明智的圣人，不去树立名望。

五　当代意义

在全面建设社会主义现代化国家的征程中，各级领导干部都要扎扎实实地做好本职工作，不能满足于"知效一官、行比一乡"，而要像宋荣子、列子一样淡泊名利，尊重自然规律和社会发展规律，达到"乘天地之正，而御六气之辩，以游无穷者"以及至人、神人、圣人的境界。不断增强看齐意识，努力向习近平总书记学习，尽力做到"我将无我，不负人民"。

第 8 节

一 原文

尧让天下于许由①，曰："日月出矣，而爝火②不息，其于光也③，不亦难乎④！时雨⑤降矣，而犹浸灌⑥，其于泽⑦也，不亦劳⑧乎！夫子立而天下治⑨，而我犹尸之⑩，吾自视缺然⑪。请致⑫天下。"

许由曰："子治天下⑬，天下既已治也，而我犹代子⑭，吾将为名乎？名者，实之宾⑮也，吾将为宾乎？鹪鹩⑯巢于深林，不过一枝；偃鼠⑰饮河，不过满腹⑱。归休乎君⑲，予⑳无所用天下为！庖人㉑虽不治庖，尸祝不越樽俎而代之矣㉒。"

二 出场

尧　许由　鹪鹩　偃鼠　庖人　尸祝

三 注释

① 尧：上古帝王唐尧。许由：古代尧时的隐士，姓许，名由，字仲武，颍川阳城人。

② 爝（jué）火：火把，火炬。

③其：它。于：对于。光：光亮。

④亦：也。难：困难。

⑤时雨：按时令节气降雨，俗称及时雨。

⑥浸灌：人工灌溉。

⑦泽：滋润。

⑧劳：徒劳。

⑨夫子：先生，指许由。立：立为天子。治：安定，有秩序。

⑩犹：还。尸：主持。

⑪自视：自己看自己。缺然：缺乏能力的样子。

⑫致：送给。

⑬子：你，指尧。治：治理。

⑭犹：如果。代子：代替你。

⑮宾：从属，派生的东西。

⑯鹪（jiāo）鹩（liáo）：小鸟名，善于筑巢，俗称巧妇鸟。

⑰偃：通"鼹"。偃鼠：小鼠。

⑱腹：肚子。

⑲归：回。休：罢了。君：指尧。

⑳予：我。

㉑庖人：厨师。

㉒尸祝：古代祠庙中主持祭礼的司仪。越：指越权。樽：酒器。俎（zǔ）：盛肉的器皿。樽俎：指厨师。

四 译文

尧要把天下让给许由，说："日月都已经出来了，可是火把还不熄灭以显示光辉，不也是很难的吗？及时雨已经降落，还要进行人工灌溉以滋润土地，不是徒劳的吗？先生如果你做了天子，天下一定会安定，然而我还占据天子的位子，自己觉得才疏学浅，请允许我把天下让给你吧。"

许由说："你治理天下，天下已经安定了。而我还来代替你，难道我是为了出名吗？名是从属于实的，难道我还去求取从属的东西吗？巧妇鸟筑巢在深林中，不过只占一根树枝罢了；鼹鼠到河里饮水，只不过喝满肚子罢了。你请回吧！算了吧！我的君主！我是不想对天下有所作为的！厨师虽然不下厨房，主持祭祀的人也不会越权而代替厨师去烹调的。"

五 当代意义

在全面建设社会主义现代化国家的征程中，每一个人特别是各级领导干部，面对名利，都要像尧和许由互让天下那样，忘掉私利，甘于奉献，既不做企图占据深林的鹪鹩，也不做妄想饮尽大河的鼹鼠，努力成为精神上富有的人。

第9节

一 原文

肩吾问于连叔^①曰："吾闻言于接舆^②，大而无当^③，往而

不返④。吾惊怖⑤其言，犹河汉而无极也⑥，大有径庭⑦，不近人情⑧焉。"

连叔曰："其言谓何哉⑨？"

"曰'藐姑射⑩之山，有神人居焉。肌肤若冰雪，绰约若处子⑪；不食五谷，吸风饮露；乘云气，御⑫飞龙，而游乎四海⑬之外；其神凝⑭，使物不疵疠⑮而年谷熟。'吾以是狂而不信也⑯。"

连叔曰："然，瞽者无以与乎文章之观⑰，聋者无以与乎钟鼓之声。岂唯⑱形骸有聋盲哉？夫知亦有之。是其言也⑲，犹时女⑳也。之人也，之德也，将旁礴万物以为一㉑，世蕲㉒乎乱，孰弊弊焉以天下为事㉓！之人也，物莫㉔之伤，大浸稽天而不溺㉕，大旱金石流㉖、土山焦而不热。是其尘垢秕糠㉗，将犹陶铸尧舜者也㉘，孰肯分分然㉙以物㉚为事！

二　出场

肩吾　连叔　接舆　藐姑射神人　瞽者　聋者

三　注释

①肩吾：人名。得道的隐士或山神，事迹不可考。　连叔：人名。不可考。

②闻：听到。接舆：人名，姓陆，名通，字接舆，楚国的隐士，与孔子同时，佯狂不仕。

③无当：不着边际，不切实际。当，适当。

④往：到，此处指说到。不返：不回来，此处指话收不回来。

⑤惊怖：惊恐害怕。

⑥河汉：指银河系，俗称天河。无极：无边无际。

⑦径：门外的道路。庭：院内堂前之地。径庭：比喻差别很大。

⑧人情：人之常情。

⑨谓：说。何：什么。

⑩藐姑射（yè）：山名。传说中的神山。

⑪绰约：姿态柔美的样子。处子：未嫁的女子。

⑫御：驾驭。

⑬四海：古代以中国四周环海而称为四海，一般指天下或全国各地。

⑭凝：凝聚，专一。神凝：指思想集中于内心，精神专注，对外界事物不闻不问。

⑮疵（cī）疠（lì）：灾害，疾病。

⑯以：认为。是：此，指接舆的那段话。狂：通"诳"，诳语。

⑰瞽（gǔ）：眼瞎。文章：文采，指华美的色彩和花纹。观：景色。

⑱岂：难道。唯：只有。

⑲是：此。其言，指上述"岂唯形骸有聋盲哉？夫知亦有之"。

⑳时：同"是"。女：同"汝"，你，这里指肩一吾。

㉑旁礴：混同。旁礴万物：指与万物混同。

㉒世：世人，社会上的人。蕲（qí）：求。

㉓孰：谁。弊弊：辛苦经营。

㉔莫：不能。

㉕大浸：大水。稽：至。大浸稽天：大水滔天。溺：淹没在水里。

㉖流：熔化。

㉗秕（bǐ）糠（kāng）：米糠的瘪谷，比喻细小的糟粕。

㉘陶：烧制的瓦器。铸：熔铸的金属器物。陶铸：制作，造就。

㉙分分然：三字原缺，依《淮南子·俶真训》补。

㉚物：事，指事务。

四 译文

肩吾向连叔请教说："我听接舆说话，真是没边呀！他也不想一想，自己说出的话能不能收回来！我惊骇他的言论，就像银河一样漫无边际，和一般人的想法差别极大，实在有点不近人情。"

连叔说："他说什么了？"

肩吾回答："他说：'在藐姑射山上，住着一位神人，肌肤像冰雪那样洁白，姿态像处女一样柔美。不吃五谷杂粮，吸清风，饮甘露；乘云气，驾飞龙，邀游于四海之外。他的精神十分专一，不问万物，能使万物不受灾害，年年谷物丰收。'我认为这都是一些诳语而不值得相信。"

连叔说："是这样。你无法同失明人共赏文采，无法与失聪的人共听钟鼓的乐声。难道只有形体上的失明失聪之人吗？人的心智也是有的啊！这话说的不就是你吗？那位神人，他的德行与万物混同为一，他哪里肯劳碌地经营社会上的俗事呢！这样的人，外物不能伤害他，大水滔天也不会淹死他，天旱热到金石熔化、土地和大山都被烧焦，他也不会感到热。用他身上的细小尘垢和秕糠，就可以造就像尧、舜那样的人，他怎么肯把治理社会事务当作自己的事业呢！"

五　当代意义

在新时代，每一个人尤其是各级领导干部，绝不做时代的"瞽者"和"聋者"，要像藐姑射山的神人一样，"旁礴万物以为一"，努力遵守自然规律和社会发展规律，保护好生态环境，建设和谐社会。

第10节

一　原文

宋人资章甫而适诸越①，越人断发文身②，无所用之。尧治天下之民，平海内③之政。往见四子④藐姑射之山，汾水之阳⑤，窅然丧其天下焉。

二　出场

宋人　越人　尧　藐姑射　四子

三　注释

①宋：宋国。资：贩卖。章甫：古代的帽子。适：到。诸：兼词，之于。越：越国。

②断发：不留头发。文身：身上刺花纹。古代中原一带，将头发结成云鬟，才可以戴上帽子，越人断发文身，所以帽子对他们是没有用处的。

③海内：指中国之内。

④四子：司马彪《庄子注》中，"四子，王倪、啮缺、被衣、许由"；郭庆藩《庄子集释》引李桢《庄子注》，"四子本无其人，征名以实之则凿矣"。此二解可存疑。

⑤汾水：在今山西省境内，据传临汾曾为尧都。阳：指水的北面。

⑥窅（yǎo）：所见深远，指经四子的开导，尧明白了大道。

四　译文

有个宋国人到越国卖帽子，越国人有断发文身的习俗，用不着帽子。尧治理天下人民，安定国内的政事，到藐姑射山和汾水的北面，拜见四位得道的人士，懂得了更加深远的道理，从而忘掉了他统治天下的地位。

五　当代意义

在全面建设社会主义现代化国家的征程中，每一个人尤其是各级领导干部，都要努力克服主观主义和形而上学，一切从实际出发，努力达到"毋臆、毋必、毋固、毋我"的境界，不做"资章甫而适诸越"的宋人。即使达到了"平海内之政"的水平，也要不断反思自己的工作：是否完全符合自然规律和社会发展规律的要求，是否达到了藐姑射之山四子的境界。

第 11 节

一 原文

惠子①谓庄子曰:"魏王贻我大瓠之种②,我树之成而实五石③。以盛水浆,其坚④不能自举也;剖⑤之以为瓢,则瓠落无所容⑥。非不呺然大也,吾为其无用而掊⑦之。"

庄子曰:"夫子固拙于用大矣⑧。宋人有善为不龟⑨手之药者,世世以洴澼絖为事⑩。客闻之,请买其方百金⑪。聚族而谋曰:'我世世为洴澼絖,不过数金。今一朝而鬻技⑫百金,请与之⑬。'客得之⑭,以说吴王⑮。越有难⑯,吴王使之将⑰。冬,与越人水战,大败越人,裂地而封之⑱。能不龟手一也,或以封,或不免于洴澼絖,则所用之异也。今子有五石之瓠,何不虑以为大樽⑲而浮乎江湖,而忧⑳其瓠落无所容?则夫子犹有蓬㉑之心也夫!"

二 出场

惠子 庄子 魏王 大瓠 擅为不龟手之药的宋人 客 吴王 越人

三 注释

①惠子:惠施,庄子的朋友,先秦名家学派的代表人物。

②魏王：指魏惠王，即梁惠王。魏都原居安邑，国号称魏，后迁到大梁，国号改梁，称梁惠王。惠为谥号。贻：赠送。瓠（hù）：葫芦。种：种子。

③树：种植。实：装。五石（dàn）：五十斗。

④坚：坚固。

⑤剖：破开。

⑥瓠落：大而平的样子。无所容：没有什么东西可装。

⑦掊（pǒu）：砸破。

⑧夫子：先生。拙：不善于。

⑨龟（jūn）：通"皲"，皮肤因受冻而破裂。

⑩世世：祖祖辈辈，世世代代。洴（píng）澼（pì）：在水中漂洗。絖（kuàng）：通"纩"，絮衣服的新丝绵。

⑪请：请求。方：不龟手的药方。

⑫鬻（yù）技：出卖技术。

⑬与之：卖给他。

⑭之：它，不龟手的药方。

⑮说（shuì）：用话劝说。吴王：吴国的国王。

⑯有难：发难，指军事进攻。

⑰使之将：派他率领军队。

⑱裂地：割一块地方。封之：封赐给他。

⑲樽：一种形如酒器的腰舟。

⑳忧：忧虑。

㉑蓬：草名，其状拳曲不直。

四 译文

惠施对庄子说:"魏惠王赠送我一颗大葫芦的种子,我种出的果实可容纳五石粮食。用它盛水,可它的坚固程度却不能自胜。把它制成瓢,则瓢底大而平浅,不能容纳什么东西。这个葫芦不是不大,只是我认为它没有什么用处,便把它砸碎了。"

庄子说:"先生,原来你不善于使用大的东西!宋国有一个人,擅长制造不皲手的药物,祖祖辈辈在水中漂洗丝絮。一位客人听到此事后,请求以百金购买他的药方。宋人全家聚在一起商量,说:'我家祖祖辈辈漂洗丝絮,能挣到的钱可怜巴巴。现在这个药方可卖百金,那就卖给他吧。'客人买得药方后,用它去游说吴国的国王。一次越国入侵吴国,吴王派此人统率大军。冬天,和越军在水上作战,大败越军,于是得到割地的封赏。能不皲手的药方只有一个,有人用来博取封赏,有人仍然不能免于在水中漂洗丝絮的劳苦,这就是因为对药方的使用不同。现在你有五石容量的大葫芦,为什么不将它做成腰舟,拴在腰间,借以飘浮在江湖之上,反而担忧它太大无物可容呢?可见先生的心如同蓬草一样堵塞不通啊!"

五 当代意义

在全面建设社会主义现代化国家的征程中,每一个人特别是各级领导干部,要善于调动一切积极因素,尤其要处理好"大"和"小"的关系,因为大有大的用处,小有小的用处,因此既要用好"大",也要用好"小",使各种资源的利用效率达到最大化。

第 12 节

一　原文

惠子谓庄子曰："吾有大树，人谓之樗①。其大本拥肿而不中绳墨②，其小枝卷曲而不中规矩③。立之涂④，匠者不顾。今子之言，大而无用⑤，众所同去也⑥。"

庄子曰："子独不见狸狌乎⑦？卑身而伏，以候敖者⑧；东西跳梁⑨，不辟⑩高下；中于机辟⑪，死于罔罟⑫。今夫斄⑬牛，其大若垂天之云。此能⑭为大矣，而不能执⑮鼠。今子有大树，患其无用，何不树之于无何有之乡⑯，广莫之野⑰，彷徨乎无为其侧⑱，逍遥乎寝卧其下⑲？不夭斤斧⑳，物无害者，无所可用，安㉑所困苦哉！"

二　出场

惠子　庄子　大树　狸狌　斄牛　鼠

三　注释

①樗（chū）：落叶乔木，俗称臭椿，皮粗质劣，高可达二十多米。

②本：指树干。拥肿：犹盘瘿，即疙瘩。绳墨：木匠用的墨线。中：合。

③规矩：木匠画圆、方的工具。

④涂：通"途"。立之涂：立在路上。

⑤大而无用：因为庄子主张无用为有用，惠施在这里是针对庄子的大而无用的言论说的。

⑥众：大家。去：抛弃。

⑦独：偏偏。见：看到。狸：野猫。狌（shēng）：黄鼠狼。

⑧敖：通"遨"。敖者：指来往的小动物，如鸡、鼠之类，为狸狌所猎获的对象。

⑨梁：通"踉"。跳梁：跳跃。

⑩辟：同"避"。

⑪中：触到。机辟：捕禽兽的工具，装有开关的机件为机，设陷阱为辟。

⑫罟（gǔ）：网的总名。

⑬斄（lí）：亦作嫠，牦牛。

⑭能：能力。

⑮执：捉拿。

⑯无何有：虚无。乡：地方。

⑰广莫：辽阔。莫：通"漠"。

⑱彷徨：徘徊。无为：无所作为。

⑲逍遥：优游自在。寝卧：躺着。

⑳夭：折。斤：通"斫"，大斧头。

㉑安：怎么会，哪里会。

四　译文

惠施对庄子说："我有一棵大树，人们叫它樗。它的树干长着凹凸不平的大疙瘩，无法打上墨线，它的小枝又都弯弯曲曲，不合乎木匠的规矩。生长在道路边，木匠连看也不看它一眼。现在你说的那些言论，都是大而无用的，所以大家都弃你而去。"

庄子说，"先生，你没看那野猫和黄鼠狼吗？它们把身子伏在地上，以等候那些出游的小动物；它们东西跳跃，不避高低；踏中机关，死于网罟。现今的牦牛，庞大的身躯就像挂在天上的云彩。虽然这头牛能力很大，然而不能捕鼠。现在先生有这棵大树，却忧虑它没有用处，为什么不把它栽到什么也没有的地方，以及那无边无际的旷野，然后来往徘徊在它的旁边，自由自在地躺在它的下面，使它不会因遭到斧头的砍伐而夭折，也没有什么东西来侵害它。它没有什么用处，又哪里会有什么困苦呢？"

五 当代意义

在全面建设社会主义现代化国家的征程中，每个人尤其是各级领导干部，在面对各种资源和要素的时候，一定要正确处理好"有用"和"无用"的关系，要善于把"无用的东西"变成"有用的东西"，正所谓"圣人常善救人，故无弃人；常善救物，故无弃物"，正所谓"有之以为利，无之以为用"，让每一个人每一个物都能发挥其应有的价值。

经典成语

1. 鹏程万里

【释义】指前程远大。

【出自】"鹏之徙于南冥也，水击三千里，抟扶摇而上者九万里。"

2. 越俎代庖

【释义】越：跨过；俎：古代祭祀时摆祭品的礼器；庖：厨师。 主祭的人跨过礼器去代替厨师办席。比喻超出自己业务范围去处理别人所管的事。

【出自】"庖人虽不治庖，尸祝不越樽俎而代之矣。"

3. 大相径庭

【释义】径：小路；庭：院子；径庭：悬殊，偏激。比喻相差很远，大不相同。

【出自】"吾惊怖其言，犹河汉而无极也，大有径庭，不近人情焉。"

4. 不近人情

【释义】不合乎人之常情。 也指性情或言行怪僻，不合情理。

【出自】"大有径庭，不近人情焉。"

5. 大而无当

【释义】当：底。虽然大，却无底。原指大得无边际。后多用作表示大得不切合实际、不合用。

【出自】"肩吾问于连叔曰：'吾闻言于接舆，大而无当，往而不返，吾惊怖其言，犹河汉而无极也。'"

6. 吸风饮露

【释义】吸风饮露在道家中指修道者或神仙绝食五谷，以风或露水为食。

【出自】"藐姑射之山，有神人居焉，肌肤若冰雪，绰约若处子；不食五谷，吸风饮露；乘云气，御飞龙，而游乎四海之外。"

7. 尘垢秕糠

【释义】比喻琐碎而没有用的东西。

【出自】"是其尘垢秕糠，将犹陶铸尧舜者也，孰肯分分然以物为事！"

当代意义

笔者与读者一起经历了一次精彩的逍遥游。现在就让笔者说说自己的理解，以与读者共享。

笔者将《逍遥游》分成三部分。第一部分论述了"有志"和"无志"的鲜明对照；第二部分论述了"有为"和"无为"的鲜明对照；第三部分论述了"有用"和"无用"的鲜明对照。

第一部分从开篇到"此小大之辩也"（第1节至第6节），论述了"有志"和"无志"的鲜明对照。

在第一部分，庄子采用了重复强调和对比的方法，为"鲲鹏之志"与"燕雀之志"描绘了反差极其鲜明的画像。志向高远的鲲鹏，乘着"六月之息"、"生物之息"和"万里培风"，展翅高飞，扶摇而上九万里，图南而去，向着心中的理想王国飞翔。鲲鹏遥望着无边无际的天空，俯瞰着浩渺辽阔的大地，掀起野马奔腾的万里尘埃。而鼠目寸光、安于现状的蜩、学鸠和斥鴳却对鲲、鹏冷嘲热讽：我们奋力而飞，也只能在树枝蓬草之间腾挪跳跃，而你却大言不惭、好大喜功、言过其实地要飞翔九万里，这不是不自量力吗？鲲鹏冷然一笑：到郊外游玩，只要准备三餐即可，回来时肚子还不饿；去往百里之外，头天晚上就要准备所需的粮食；去往千里之外，三个月前就要准备干粮。你们这些小小的虫鸟怎么能知道我的志向呢？小聪明怎么能比得上大智慧？经历短浅的怎么能比得上经历漫长而丰富的呢？寿命只有一个清晨的朝菌连一日之间的变化都不知道，寿命只有一个季节的蟪蛄怎么能知道春秋的更替？更何况楚国的南部有一个叫冥灵的大树，其春天五百年，秋天五百年；上古有一种树叫大椿，其春天是八千年，秋天是八千年。你们这些小虫鸟能有多大的智慧、多久的经历？当然也就不了解我鲲鹏展翅九万里的宏伟志向。

当然，鲲鹏明白，要想展翅高飞，必须依靠"六月之息"、"生物之息"和"万里培风"。怎样才能形成"六月之息"、"生物之息"和"万里培风"？那就是尊重万物的生长规律，顺应万物的本性，让万物茁壮成长、欣欣向荣，自然就会形成"生物之息"、"六月之息"和"万里培风"。

一个人在社会上打拼，一定要得到亲朋好友同事领导的支持和配合；家长要理好家，一定要得到其他家庭成员的支持和配合；一个领导要管好一个单位，也一定要得到其他领导班子成员和员工们的支持和配合；一个政府要管理好一个国家，当然要得到全国人民的支持和配合。这些支持和配合，就是"生物之息"、"六月之息"和"万里培风"。

2021年，适逢中国共产党百年华诞，不禁想起毛泽东的《念奴娇·鸟儿问答》："鲲鹏展翅，九万里，翻动扶摇羊角。背负青天朝下看，都是人间城郭。炮火连天，弹痕遍地，吓倒蓬间雀……"顿有所悟。回想中国革命和建设的奋斗历史，不正是共产党人的百年逍遥游吗？

一百年来，中国共产党人鲲鹏展翅，翻动扶摇，革命理想高于天，"犹河汉而无极"，策动万马奔腾，掀起万里尘埃，广泛发动人民群众，轰轰烈烈地开展土地革命，推倒了帝国主义、封建主义和官僚资本主义"三座大山"，成功地完成了社会主义改造，取得了社会主义建设的伟大成就，经历了中华民族"从站起来、富起来到强起来"的逍遥游。一百年来，无数优秀的共产党人抛头颅，洒热血，前仆后继，义无反顾，面对死亡，权当逍遥。最令笔者难忘的是，瞿秋白就义前大义凛然、慷慨陈词：人生有小休息，有大休息，今后我要大休息啦！其泰然自若、气吞山河的壮举，是何等逍遥！

曾几何时，各种错误的思潮，像蜩、学鸠、斥鷃一样，对共产党人冷嘲热讽甚至恶毒攻击。但是，英雄的共产党人，不为所动，矢志不移，朝着遥远的南冥天池——共产主义阔步前行，因为共产党人懂得"瞽者无以与乎文章之观，聋者无以与乎钟鼓之声。岂唯形骸有聋盲哉？夫知亦有之"，各种错误思潮的蓬间小雀怎么能够知道共产党人的鲲鹏之志？

我们不禁要问，为什么共产党人能够鲲鹏展翅、扶摇而上，不断朝着南冥天池——共产主义飞翔？那是因为，亿万人民群众是承负共产党人鲲鹏展翅、扶摇而上的"六月之息"、"万里培风"和"生物之息"。而人民群众为什么情愿成为"六月之息"、"生物之息"和"万里培风"? 那是因为,共产党人"乘天地之正,而御六气之辩",顺应客观规律,始终坚持"以人民为中心",全心全意为人民服务,代表最广大人民群众的根本利益,把维护好、发展好、落实好最广大人民群众根本利益作为一切工作的出发点和落脚点,因此极大地调动了广大人民群众的无限热情,化成负起共产党人"垂天大翼"的"六月之息"、"生物之息"和"万里培风"。

今天,中国特色社会主义进入了新时代,以习近平同志为核心的共产党人,以腰悬大樽而浮于江湖的勇气和善于"用大"的气概,振动垂天大翼,"背负青天",推动"一带一路"、脱贫攻坚、高质量发展,万马奔腾,万里尘埃,开启全面建设社会主义现代化强国的新征程,继续向着天池南冥——共产主义展翅飞翔,开始了一段新的逍遥游。

吾辈何幸! 适逢中国特色社会主义进入新时代,跟随习近平总书记和党中央乘风高飞,"图南而适南冥","三月聚粮",加入全面建设社会主义现代化强国的千里征程。

我们要坚定不移地以习近平新时代中国特色社会主义思想为行动的指南,醉心欣赏其"文章之观"和"钟鼓之声",绝不做时代的"瞽者"和"聋者",绝不做"不知晦朔"的"朝菌"和"不知春秋"的"蟪蛄"。面对各种错误思潮的燕雀之声,宁心静神,不受干扰,自觉做习近平新时代中国特色社会主义思想的学习者、领悟者和践行者。

我们要一如既往地贯彻"以人民为中心"的发展理念。只有"乘天地之正,而御六气之辩",国家治理体系和治理能力才能达到"至人无己，神人无功，圣人无名"的最高境界。人民群众的根本利益就是"天地之正"，人民群众的喜怒哀乐就是"六气之辩"；无私奉献，全心全意为人民服务，"我将无我，不负人民"，就是"至人无己，神人无功，圣人无名"。我们要认真贯彻落实习近平总书记的谆谆教诲："必须坚持人民主体地位，坚持立党为公、执政为民，践行全心全意为人民服务的根本宗旨，把党的群众路线贯彻到治国理政全部活动中，把人民对美好生活的向往作为奋斗目标，依靠人民创造历史伟业"。①"人民是党执政的最大底气，也是党执政的最深厚的根基"。只要一如既往地贯彻好"以人民为中心"的发展理念，我们党才能做到"大浸稽天而不溺，大旱金石流、土山焦而不热"，我们党的事业就会像上古的大椿一样，"以八千岁为春，八千岁为秋"，十四亿中国人民"众所同去"，展翅飞向社会主义现代化国家的南冥天池。

我们要驰而不息地加强党风廉政建设。面对荣誉和职务升迁，要"功成不必在我"，淡泊名利，甘当无名英雄，像尧让天下于许由那样，"吾将为名乎？""吾将为宾乎？"面对金钱的诱惑，要时时提醒自己："鹪鹩巢于深林，不过一枝；偃鼠饮河，不过满腹"，"不以物为事"，不为外物所"弊弊然，""吸风饮露"，两袖清风，游于各种欲望和诱惑之外，达到"肌肤若冰雪，绰约若处子"的冰清玉洁的境界，从而摆脱物质欲望的重负，潇洒地遨游于全面建设社会主义现代化强国的新征程。

---

① 《决胜全面建设小康社会 夺取新时代中国特色社会主义伟大胜利》，《人民日报》2017 年 10 月 28 日。

第二部分从"故夫知效一官"至"穷然丧其天下焉"（第 7 节至第 10 节），主要论述了"有为"和"无为"的鲜明对照。

在第二部分，庄子同样采用了对比和反复强调的笔法，突出强调了"有为"和"无为"的区别。庄子所说的"有为"并不是"有所作为"或者"大有作为"的意思，而是指违反自然规律和社会发展规律的行为；庄子所说的"无为"也不是"无所作为"或者"消极避世"的意思，而是要尊重自然规律和社会发展规律。

为什么对于那些爱岗敬业、造福一方、政绩斐然的知效一官、行比一乡、德合一君而征一国者，庄子仍将他们比作"蜩"、"学鸠"和"斥鷃"？为什么尧达到了禅让天下给许由的境界，而庄子仍说："是其尘垢秕糠，将犹陶铸尧舜者也。"为什么尧已经达到了"平海内之政"境界，而庄子说他到藐姑射之山见四子后，垂头丧气，好像失去了天下一样？为什么宋荣子达到了"举世而誉之不加劝，举世而非之不加沮。定乎内外之分，辩乎荣辱之境。斯已矣。彼其于世，未数数然也"的境界，庄子还是说他"犹有未树也"？为什么"列子御风而行，泠然善也，旬有五日而后反。彼于致福者，未数数然也"，而庄子仍然说他"犹有所待者也"？因为在庄子看来，以上人物的所作所为，都会多多少少存在违反自然规律和社会发展规律的行为。

为什么庄子高度赞扬"乘天地之正，而御六气之辩，以游无穷者"？为什么庄子高度赞美居住在藐姑射之山的神人，"肌若冰雪，绰约若处子；不食五谷，吸风饮露；乘云气，御飞龙，而游乎四海之外；其神凝，使物不疵疠而年谷熟"？为什么庄子还赞美居住在藐姑射之山上的神人"之人也，之德也，将旁礴万物以为一，世蕲乎乱，孰弊弊焉以天下为事！之人也，物莫之伤，大浸稽天而不溺，大旱金石流、土山焦而不热"，"孰肯以物为事"？因为在庄子看来，二者没有任何私欲，因而真正能够尊重客观规律和社会发展规律，做到尊重自然、顺应自然、保护自然，人与自然才能和谐相处，经济社会才能可持续发展、人民安居乐业。

那么，怎样才能做到无为呢？最重要的是领导者没有私欲私心，要像藐姑射之山上的神人一样冰清玉洁，"乘天地之正，而御六气之辩"，尊重自然规律和社会发展规律，保护资源环境，爱护人民群众。否则，一有私欲私心，就会做出违背客观规律的事情。比如，历朝历代的封建统治者，穷奢极欲，巧取豪夺，弊弊焉以子孙社稷为事，破坏自然环境，残酷剥削人民。因此，中国共产党一再强调，人民群众的根本利益就是党的根本利益，"人民就是江山，江山就是人民"。当然，仅仅没有私欲私心还不够，还要真正懂得什么是自然规律和社会发展规律、怎样尊重自然规律和社会发展规律。

第三部分是文章最后惠子与庄子的两段对话（第11节至第12节），主要论述了"有用"与"无用"的鲜明对照。

在第三部分，庄子同样使用了对比和重复强调的笔法，用生动的事例具体阐述了老子在《道德经》里主张的"有用"和"无用"的思想。在《道德经》中，老子说道：

"三十辐共一毂，当其无，有车之用。埏埴以为器，当其无，有器之用。凿户牖以为室，当其无，有室之用。故有之以为利，无之以为用"，大意是，三十根辐条支撑着一个车轴，因为存在辐条之间的空隙，才能制造出供人使用的车辆；房子建成后，因为房子中间是空的，才能供人居住；用泥土烧制成器皿，因为器皿是空的，才能供人使用。因此，"有"无疑是有利的，但"无"无疑也是有用的。在《道德经》里，老子还倡导圣人要"无弃物""无弃人"。

在庄子与惠子的两段对话里，主要讨论了两件所谓大而无用的东西"大瓠"和"大樗"。对于"大瓠"，惠子称为"以盛水浆，其坚不能自举也。剖之以为瓢，则瓠落无所容"，最后惠子因其无所用而掊之。对于"大樗"，惠子称为"其大本拥肿而不中绳墨，其小枝卷曲而不中规矩。立之涂，匠者不顾。今子之言，大而无用，众所同去也"。对此，庄子的回答，所谓"有用"和"无用"，取决于物主如何使用。同样是不龟手之药，有人可以用它裂地封侯，有人只能靠它世代漂洗衣物。如果物主不能善用，东西无论大小都可能无用。狸狌小而有用，但弄不好会中于机辟，死于罔罟；犛牛大而有用，却抓不住老鼠。

其实，我们可以举出许多更生动的例子。被西方人弃而不用的动物内脏，中国人却可以烹制成美味佳肴；被人扔掉的垃圾，有人可以将它变成沼气、肥料、精致的工艺品；等等。

因此，小到一个人，大到一个国家，都要抛弃对"有用"和"无用"的偏见。现在，有的城市已经建立了垃圾分类制度，以期实现垃圾再利用，推动循环经济发展。作为一个家长，也要顺应孩子的爱好和特长，充分挖掘孩子的天赋和能力。作为一个单位的领导，也要根据员工的不同特点，因人制宜地用好每一位员工，做到人尽其用。各级党委也要不断完善干部选拔任用制度，做到人尽其才。

除了以上"三有""三无"的启示外，《逍遥游》还告诉我们，大到各级领导干部，小到普通老百姓，都要具备鲲鹏"抟扶摇而上者九万里"和"天之苍苍，其正色邪？其远而无所至极邪"的大局意识。在这方面，中国共产党的领袖们为我们树立了光辉的榜样。在新民主主义革命时期，毛泽东分析国内外大势，确立了农村包围城市、武装割据的战略，取得了新民主主义革命的胜利；新中国成立后，毛泽东综览世界风云，将世界各国分成三个世界，并因此确立了中国的应对之策。邓小平综览世界风云，做出了和平与发展是当今世界的主题的判断，果断采取改革开放的国策。习近平同志及时预判百年未有之大变局，并在党的十八大后采取了一系列因应之策。各级党委政府、各个部门和各个单位要增强看齐意识，认真向习近平同志学习，紧紧围绕党和国家的大局，出色完成党中央确定的重大任务。作为家长，也要时时关注国际国内形势，根据经济社会发展的变化，确定孩子培养的方向。

总之，《逍遥游》的精神将永远逍遥，它是中国人的精神家园，也是世界人民的精神家园，必将永远照耀人类前进的里程。

齐物论

导 读

齐物论包括齐物之论、齐同物论。庄子认为，世间万物虽然千差万别，人间世相各一，但从"道"的观点看，"道通为一"，浑然一体，万物齐一。万物之间，既是矛盾对立的，又是统一的，还是不断发展变化的。从这个意义上讲，是非、美丑、贵贱、善恶，本质上是没有任何差别的，而且在一定条件下可以相互转化，正因为这种不断的变化，才推动了社会的文明进步和发展。

第一部分：从"南郭子綦隐机而坐"到"怒者其谁邪"（第 1 节至第 2 节）。

以"吾丧我"开题，引出"三籁"，实际上就是在"丧我""忘我"的不断消减中，达到物我相忘的"天籁"之境。而这个境界的外在表现是"形同槁木"，内在表现是"心如死灰"；过程就是通过"坐忘""离形去智"，从而达到思想和意识上的空灵，复归生命本源的虚静灵台。庄子告诫人们，面对花花世界，尘世纷争，做到心静如水，保持纯粹自由自然的真性。

第二部分：从"大知闲闲，小知间间"到"吾独且奈何哉"（第3节至第5节）。

万物万情、趣舍不同。"乐出虚，蒸成菌"，世间众生，立场不同，心态不同，各有各的标准，各有各的立场，"与接为构，日以心斗"。庄子认为，只有站在"真宰""大道"的角度，才是正确的评判标准。而现实中，不少人被成见或愚念蒙蔽，被欲望困扰，终日陷入是非之争、名利之争，饱受身心折磨，丧失自我的天性，"终身役役而不见其成功，苶然疲役而不知其所归"。庄子告诫世人，不纠结于"间间"琐事，不纠缠于是是非非，不纠心于外物之累，跳出狭隘的视野，行走大道。

第三部分：从"夫言非吹也"到"故曰：莫若以明"（第6节至第7节）。

"物无非彼，物无非是"，"方生方死，方死方生"。庄子认为，万物虽然有彼此、是非、生死，是对立的一面，也是彼此相依、互为共生，不断向自身对立的那一面转化，万物也是齐一的。庄子告诉我们，虽然世界纷繁多杂，"道隐于小成，言隐于荣华"，莫被现象蒙蔽双眼，要透过现象看本质，顺应自然，掌握大道枢要，就能应对无穷的变化。

第四部分："以指喻指之非指"到"是之谓两行"（第8节至第10节）。

"道行之而成，物谓之而然"，事物的发展，都是变动的，有成功就有毁灭，旧的问题解决了，新的矛盾出现了，社会发展总是在不断解决问题的过程中，开辟道路。事物之所以千差万别，是人为的冠名和标签，"道之所以亏，爱之所以成"，彼与此、成与亏、是与非、善与恶、美与丑都是来自人的好恶，有了好恶，有了偏爱，就会失去应有的判断力。庄子告诫人们，万物皆由道而生，站在道的角度与层次来看待万物的变化，表面上各不相关，甚至大相径庭，实际上异象同根，"道通为一"，顺物自然，遵道而行，按规律办事，才能达到至高的境界。

第五部分：从"古之人"到"无适焉，因是已"（第11节至第13节）。

"天地与我并生，而万物与我为一。"万物都是因道而生，追溯其本源，都属于"无"，同生同体，本位一体。道为万物之始，也为万物之终。庄子认为，人们习惯用"有"来考量，参照"无"，"秋毫"为大，"泰山"为小，"早夭"为寿，这留给我们对相对论的思考。庄子告诫我们，人生有限，时空无限，不要把人生的精力耗费在外物的追求中，摆脱尘世羁绊，把自己和大自然融为一体，逍遥于无穷无尽的天地。

第六部分：从"夫道未始有封"到"此之谓葆光"（第14节至第15节）。

庄子认为，大道无边，言语是有限的，而真理的声音不在乎声音的高低，高明的言论无须争辩。世称的美德，炫耀自夸，只能适得其反。"故知止其所不知，至矣。"一个人若要获得提升，必须放大格局，突破视野，自觉地收敛光芒，保持虚怀若谷、海纳百川的精神境界。做到"注焉而不满，酌焉而不竭"，真金不镀，保持一个"真我"。

第七部分：从"故昔者尧问于舜曰"到"而况利害之端乎"（第16节至第17节）。

庄子认为，大道的力量大过太阳的光芒。通过啮缺与王倪的对话，庄子告诉人们超越世俗才能形成大道，超越世念羁绊形成逍遥之道。认识事物并没有什么绝对客观的尺度。世间万物衡量的标准是不相同的，不同的群体、不同物类，审美的情绪、好恶取向标准也不尽然。从忘物才能到齐物、超凡脱俗、穿越生死、不为世移、不为利绊，达到天人合一的最高境界。

第八部分：从"瞿鹊子问乎长梧子"到"故寓诸无竟"（第18节至第20节）。

庄子认为，否定世俗，主张什么事情都顺其自然，忘掉生死，忘掉是非，把自己寄托于无穷的境域，逍遥于尘埃之外。世间万物皆有其规律，只有顺其自然，遵道而行，才能走向光明。庄子告诫人们，任何成功，都需要一定的条件，都需要顺势而为，有些成功需要条件的成熟，有些成功需要历史的耐心，"见卵而求时夜，见弹而求鸮炙"，是不可取的。愚人杞人忧天，而圣人不为尘事熙攘所困扰，达到万物合一，用自然之道来调和万物。

第九部分：从"罔两问景"到"此之谓物化"（第21节至第22节）。

庄子通过"罔两问景""庄周梦蝶"的寓言故事，告诉我们世间的现象，如生死、福祸等，是道的物化结果，其在本体上是一致的。顺其自然、物我交融、物我合一、无所待才是自由的快乐。

"齐物论"旨在阐发天人物我、万物一体。庄子生活在生灵涂炭的战国时代，面对百家争鸣，儒墨是非，他追求自由自在，发出天籁之音。在当今社会中，"齐物论"中的平等观、生态观、辩证观等都给人们带来启迪。

做人就是修行，要修大格局、大境界。在庄子看来，人生要达到物我为一的天籁之境，要从"吾丧我"，不断地去成心、除是非、破生死、超越尘世羁绊，不为外物所累；要放空自己，不断去掉诸我、自我，从而达到无我、真我，最终达到一个"我与天地并生 天地与我为一"的境界。2019年3月，习近平主席在会见意大利众议长菲科时谈道："这么大一个国家，责任非常重、工作非常艰巨。我将无我，不负人民。我愿意做到一个'无我'的状态，为中国的发展奉献自己。"①"无我"一词，看似简单，却底蕴深厚，含义深刻。习近平把"我将无我，不负人民"作为对党和人民事业的最高追求，生动彰显了作为人民领袖的情怀。

庄子的齐物论哲学意义，"以道观之"，"齐"是绝对的，"不齐"，是相对的；天地万物是一体的，也是有差异的，有统一性，也有斗争性。庄子主张，万物平等，互尊互蕴。我们要在主观上消除差异，实现观念的平等，要用发展的思维、系统的思维、联系的思维、底线的思维指导日常工作、生活。这对我们处理好人与自然的关系，共同构建人与自然生命共同体，加强生态文明建设很有益处。习近平提出的"绿水青山就是金山银山"理念，深刻揭示了人与自然、社会与自然的辩证关系。从方法论来看，习近平生态文明思想蕴含着和谐共生的辩证思维、高瞻远瞩的战略思维、统筹协调的系统思维、防患于未然的底线思

---

① 《习近平谈治国理政》（第三卷），人民出版社，2020，第144页。

维等。我国野生动物保护法的出台，对保护野生动物，有了法律支撑。祁连山、秦岭的生态治理，充分表达了党中央抓好生态文明的决心和态度。

第1节

一　原文

南郭子綦^①隐机^②而坐，仰天而嘘，荅焉^③似丧其耦。颜成子游^④立侍乎前，曰："何居^⑤乎？形固可使如槁木，而心固可使如死灰乎？今之隐机者，非昔之隐机者也。"子綦曰："偃，不亦善乎，而问之也^⑥！今者吾^⑦丧我，汝知之乎？汝闻人籁^⑧而未闻地籁，汝闻地籁而未闻天籁夫^⑨！"

二　出场人物

南郭子綦　颜成子游

三　注释

①南郭子綦（qí）：楚人，居住南郭，故名南郭子綦。庄子寓托的高士，而非历史人物。

②隐：凭靠。机：亦作几，案。

③荅（dá）焉：形体死寂的样子。

④颜成子游：姓颜成，名偃，字子游，子綦弟子。

⑤何居：何故。

⑥不亦句，倒装句，你问得不是很好吗？而：同"尔"，你。

⑦ 吾：指现在得道的"真我"忘记了现实中的"俗我"。

⑧ 籁：箫。人籁：指人吹箫发出的乐声。

⑨ 地籁：与下文的"天籁"，均出自自然的声响。

四　译文

南郭子綦倚靠几案而坐，仰头朝天缓缓地呵气，那离神去智的样子真好像精神脱出了躯体。学生颜成子游陪侍在跟前，问道："这是什么缘故呢？人的形体固然可以使它像枯槁的树木，而心神也可以使它像死灰那样吗？您今天倚靠几案静坐，同以往倚靠几案静坐的神情大不相同啊。"子綦回答说："偃，你这个问题问得很好。今天我忘了以前的那个我，你知道吗？你听说过'人籁'，但不一定听说过'地籁'，即便你听说过'地籁'，但不一定听说过'天籁'吧！"

五　当代意义

庄子在本篇中，以对话表达了人籁、地籁、天籁三者互相依赖生存的关系。结合现实，这也是解决"人与自然、人与社会、人与人"三大和谐生存关系的主要方法。

第 2 节

一　原文

子游曰："敢问其方①。"

子綦曰："夫大块噫气②，其名为风。是唯无作③，作则万窍怒呺^④，而独不闻之翏翏乎^⑤？山林之畏佳^⑥，大木百围^⑦之窍穴，似鼻，似口，似耳，似枅，似圈，似臼，似洼者，似污者^⑧。激者，謞者，叱者，吸者，叫者，譹者，宎者，咬者^⑨，前者唱于而随者唱喁^⑩，泠风^⑪则小和，飘风则大和，厉风济则众窍为虚^⑫。而独不见之调调之刁刁乎^⑬？"

子游曰："地籁则众窍是已，人籁则比竹^⑭是已，敢问天籁。"

子綦曰："夫吹万不同^⑮，而使其自己也^⑯。咸其自取，怒者其谁邪^⑰？"

二　出场人物

子游　子綦

三　注释

①方：术，道术。

②大块：大地。噫（ài）气：吐气出声。

③是：此，这里指风。唯：句中语气词，含有仅此的意思。作：兴起。

④窍：洞穴。呺（háo）：通"号"。

⑤而：你。翏翏（liáo）：大的风声。

⑥畏佳（cuī）：通"嵬崔"，形容山势高大险峻的样子。

⑦围：两手合抱的范围。

⑧"似鼻"至"似污者"：都是形容窍穴呈现的形状。枅（jī）：房柱上用以承接栋梁的方木，一般称斗拱。圈：

杯盂。臼：春米的器具，多为石制。洼：池沼，指深窍。
污：小泥塘，指浅窍。

⑨ "激者"至"咬者"：都是形容众窍发出的各种不同
的声音。激者：急流声。謞（xiào）者：飞箭声。叱者：发
怒时的出气声。吸者：吸气声。叫者：叫喊声。譹者：号哭
声。宎（yǎo）者：像风吹到深谷的声音。咬者：哀叹声。

⑩ 于、喁：表示相应和的声音。前者指风，后者指窍穴。

⑪ 泠（líng）风：小风。

⑫ 厉风：烈风。济：停止。虚：指没有声音。

⑬ 调调：树枝摇动的样子。刁刁：树叶微动的样子。

⑭ 比竹：由多支竹管并列在一起而成的乐器，如箫管、
笙簧之类。比：并。

⑮ 吹万不同：风吹千万个窍穴而声音不同。

⑯ 自己：自身，指洞穴发出各自的声音。

⑰ 咸其二句，都是取决于它们自己，使它们怒号发声的
又是谁呢？咸：都。

四 译文

子游问："我冒昧地请教其中的道理。"

子綦说："大地呼出的气，名字叫作风。这风不发作则
已，一发作则万窍都怒号起来。你独独没有听过那长风呼
啸的声音吗？山林高低险阻的地方，百围大树上无数的孔
穴，有的像鼻孔，有的像嘴巴，有的像耳朵，有的像梁上的
方孔，有的像牛栏猪圈，有的像春米的臼窝，有的像深池，
有的像浅池。（这些孔窍发出的声音）有的像湍水冲激的声

音，有的像飞箭声，有的像呵斥声，有的像呼吸声，有的像叫喊声，有的像嚎哭声，有的像沉吟声，有的像哀叹声。真好像前面在呜呜唱着，后面在呼呼应和。小风则相和的声音小，大风则相和的声音大。暴风停止后，则所有的孔窍都突然停歇，万般窍穴也就寂然无声了。你难道不曾看见风吹过之后，草木随风摇曳晃动的样子吗？"

子游说："地籁是众窍穴里发出的声音，人籁是竹箫所吹出的声音。我再冒昧地向你请教，天籁是什么呢？"

子綦说："风吹万种孔窍发出的声音各不相同，这些声音千差万别，乃是各种窍穴的自然状态使然，既然各种不同的声音都是由其自身决定的，那么使其怒号发声的还有谁呢？"

五　当代意义

自然界有风雨雷电，这是人类生活中离不开的自然现象。面对自然现象带来的破坏，人类需要通过认真调研，制订各种应急方案，应对突然的变化。

第3节

一　原文

大知闲闲，小知间间①；大言炎炎，小言詹詹②。其寐也魂交③，其觉也形开④。与接为构，日以心斗⑤。缦者，窖者，密者⑥。小恐惴惴，大恐缦缦⑦。其发若机栝，其司是非之谓也⑧；其留如诅盟⑨，其守胜之谓也；其杀若秋冬⑩，以言其日消也；其溺之所为之，不可使复之也⑪；其厌也如缄⑫，以言其老洫也；近死之心，莫使复阳⑬也。喜怒哀乐，虑叹变慹⑭，姚佚启态⑮；乐出虚，蒸成菌⑯。日夜相代乎前，而莫知其所萌⑰。已乎，已乎⑱！旦暮得此，其所由以生乎！

二　出场人物

（空）

三　注释

①闲闲：广博闲逸的样子。间间：细加分别的样子。此处有计较的意思。二句意为：那些绝顶聪明的人自以为是，对别人的意见根本不听；而那些才智低浅的人则只能在枝节问题上和别人计较。

②炎炎：火焰猛烈的样子，此处指气焰凌人。詹詹：喋喋不休。

③魂交：精神交错，此处指睡觉多梦不安。

④形开：形体疲乏懒散。

⑤与接二句：与外界接触，整天勾心斗角。构：交合，引申为周旋。

⑥缦：通“慢”，缓慢。窖：深藏不露，深沉。密：谨密。

⑦惴惴：忧惧不安的样子。缦缦：迟缓，散漫。

⑧机：弩上发射的机关。栝（guā）：箭末扣弦的部位。机栝：指代射箭。司：通“伺”，伺察。

⑨诅盟：誓约。

⑩杀：肃杀。

⑪复：恢复，回头。

⑫厌：闭藏。缄：封闭。

⑬复阳：恢复生气。

⑭变：变化无常。慹（zhé）：通"蛰"，蛰伏不动，这里指心神不动。

⑮姚：轻浮。佚：通"逸"，纵逸。启：放荡。态：作态。

⑯乐出虚：乐音发自空虚的箫管。蒸成菌：湿气蒸发就会长出菌。

⑰萌：始，生。其所萌：指万物的缔造者。

⑱已乎：算了吧。

四 译文

大智广博，小智偏狭。大言盛气凌人，小言争辩不休。他们睡觉时心神不宁，醒来后形体疲乏懒散。他们和外界交相呼应，整日里勾心斗角。有的散漫不经，有的用心难测，有的谨密不露声色。遇到小恐惧，忧惧不安；遇到大恐惧，惊魂失魄。他们发言好像放出利箭，这就是在留心窥伺别人的是非以备攻击；他们不发言时，守口如誓约一样慎重，这就是在默默等待时机以守取胜；他们衰败时如秋冬的景物，这就是说他们在一天天消损。他们沉溺到如此地步，无法使他们回头了。他们心灵闭塞如受绳索捆缚着，这说明他们衰老颓败了。走向死亡道路的心灵，无法使他们恢复生机了。他们喜怒哀乐，忧虑感叹，反覆恐惧，轻浮躁动，放纵张狂，装模作样；像乐声从空虚的乐器中发出，又像地气蒸发长出菌类一样。这种情绪和心态日日夜夜在眼前更替出现，但不知道它们是怎样发生的。算了吧，算了吧！有朝一日悟到了这个造物者，就明白是由它缔造出来的。

五 当代意义

人来到这个世界，就要为生计不断奔波，在有体面、有尊严活着的同时，追求自我价值的实现及高质量的生活。生命有限，自己承载量也有限，不可能把所有东西都抓在手里，面对各方诱惑，要保持定力，这样才过得潇洒、从容。

第4节

一 原文

非彼①无我，非我无所取。是亦近矣，而不知其所为使。若有真宰②，而特不得其朕③。可行已信④，而不见其形，有情⑤而无形。

百骸、九窍、六藏⑥，赅而存焉⑦，吾谁与为亲？汝皆说之乎⑧？其有私焉⑨？如是皆有为臣妾乎⑩？其臣妾不足以相治乎？其递相为君臣乎？其有真君存焉⑪！如求得其情与不得，无益损乎其真⑫。

一受其成形，不亡以待尽⑬。与物相刃相靡⑭，其行尽如驰而莫之能止，不亦悲乎？终身役役而不见其成功^⑮，苶然疲役而不知其所归^⑯，可不哀邪！人谓之不死，奚益！其形化^⑰，其心与之然^⑱，可不谓大哀乎^⑲？人之生也，固若是芒乎？其我独芒^⑳，而人亦有不芒者乎？

二 出场人物

我　真宰　汝　臣妾　君臣　真君

三 注释

① 彼：就字面上讲指"我"的对立面，也可以理解为非我的大自然，甚至包括上述各种情态。

② 若有：假设之辞。真宰：犹如今日言"造世主"，但也可理解为真我。

③ 特：独。眹（zhèn）：通"朕"，征兆，迹象。

④ 可行已信：可以使自己相信它是存在的。

⑤ 情：实。

⑥ 骸：骨节。六藏（zàng）：心、肝、脾、肺、肾称为五脏，肾有二，故又称六脏。

⑦ 赅：齐备。存：有。

⑧ 说：通"悦"。

⑨ 私：偏爱。

⑩ 如是皆有为臣妾：都得做臣妾，指没有一个是主宰者。

⑪ 递相：互相。真君：指百骸、九窍、六藏的主宰者。

⑫ 真：天然的本性。

⑬亡：亦作"忘"，忘记。一说"亡"为"代"字之讹，变化的意思。尽：耗竭、消亡。

⑭相刃：互相斗杀。相靡：互相摩擦。靡：通"摩"。

⑮役役：相当于"役于役"，意思是为役使之物所役使。一说劳苦不休的样子。

⑯苶（nié）然：疲惫倦怠的样子。疲役：疲于劳役。所归：目的，归宿。

⑰形化：形体变化。

⑱与之然：和形体一齐变化。

⑲大：通"太"。大哀：非常可悲。

⑳芒：通"茫"，迷昧无知。

四　译文

没有它就没有我，没有我它也无法体现。这样理解算是接近一步了，但还是没有真正了解我被它所支配的那个东西。好像有真宰，只是找不着它的形迹。我们可以使自己相信它是存在的，虽然看不见它的形体，但它是真实存在而无形象的。百骸、九窍、六脏，都完备地存在于我的身上，我和哪个最亲近呢？你都一样喜欢它们吗？还是有所偏爱呢？如果是同等看待它们，那么把它们当成臣妾吗？那臣妾之间就谁也不能统治谁吗？还是它们轮换着做君臣呢？或许有真宰存在着呢。无论是否求得真宰的实情，对它本身都是没有损减的。

人一旦禀受成形体，形体就一直存在着等待耗尽为止。人们和外物接触，相互伤害和摩擦，驰骋追逐于其中，而不能停止，不是可悲的嘛！终生劳碌奔忙而不见成功，疲惫困苦而不知究竟为了什么，可不是悲哀嘛！这样的人虽然不死，又有什么意思呢！人的形体逐渐消损，而心也跟它一样消损，这难道不是巨大的悲哀吗？人生在世，固然就像这样昏昧吗？还是只有我一个人昏昧，而别人也有不昏昧的？

五　当代意义

人形形色色，"三观"不同，看待问题的立场、观点也不尽然。生活在当下，人们就要以法律、规则、规矩作为自己的行为准则。

第 5 节

一　原文

夫随其成心而师之^①，谁独且无师乎？奚必知代而心自取者有之^②？愚者与有焉！未成乎心而有是非，是今日适越而昔至也。是以无有为有。无有为有，虽有神禹且不能知^③，吾独且奈何哉！

二　出场人物

愚者　神禹　吾

三 注释

① 成心：业已形成的偏执之见。师：取法。

② 代：更改，变化。知代：懂得变化更替的道理。

③ 不能知：无法理解。

四 译文

若各人将自己的成见作为是非标准，那么谁没有一个标准呢？何必一定要了解事物发展更替变化之理的智人才有呢？愚人同样有。如果说心中未形成主观成见而有是非，这就如同今日去越国而昨天就到了。这种说法是把没有看成有。如果把没有看成有，即便神明的大禹也无法弄明白，我又有什么办法呢！

五 当代意义

"不畏浮云遮望眼，只缘身在最高层。"看问题不能光看现象，要透过现象看本质，把握住问题的关键和要害，顺应事物的发展规律。

第6节

一 原文

夫言非吹也，言者有言①，其所言者特未定也。果有言邪？其未尝有言邪？其以为异于鷇音②，亦有辩乎③？其无辩乎？

61

道恶乎隐④而有真伪？言恶乎隐而有是非？道恶乎往而不存？言恶乎存而不可？道隐于小成⑤，言隐于荣华⑥。故有儒墨之是非，以是其所非而非其所是。欲是其所非而非其所是，则莫若以明⑦。

二 出场人物

言者 儒墨

三 注释

①言非吹也，言论和风吹不同，言论出于成见，风吹出于自然。言者有言，论者各有所说。

②鷇（kòu）：还要哺喂的小鸟。鷇音：初生小鸟的叫声，比喻不带任何含义的话语。

③辩：通"辨"，辨别。

④隐：蔽。

⑤小成：片面认识所得的成果。

⑥荣华：指花言巧语。

⑦莫若：不如。明:《老子》"复命曰常，知常曰明"之"明"。

四 译文

言论不像风的自然吹动，发表言论的人各有自己的言辞，他们所说的不能作为是非的标准。他们果真有自己的言论吗？还是未曾有过自己的言论呢？他们以为所言不同于刚出壳小鸟的叫声，到底有分别吗？还是没有分别呢？

道是如何被隐蔽而有了真伪呢？言论是如何被隐蔽而有了是非呢？道去了哪里而不存在呢？言论为何存而不可呢？道被小的成就隐蔽，言论被浮华之词隐蔽。所以有了儒墨各家的是非争辩，他们各以对方所否定的为是，各以对方所肯定的为非。想要肯定对方所否定的而否定对方所肯定的，则不如用明静之心去观照事物的本然。

五　当代意义

是非判断来源于人们的认知，认知的不同，会有不同的意见或争执，要学会换位思考，要用明镜之心，掌握"道枢"，应对无穷变化。

第7节

一　原文

物无非彼，物无非是。自彼则不见，自是则知之。故曰：彼出于是，是亦因彼。彼是方生之说也①。虽然，方生方死②，方死方生；方可方不可，方不可方可。因是因非③，因非因是。是以圣人不由而照之于天④，亦因是也。

是亦彼也，彼亦是也。彼亦一⑤是非，此亦一是非。果⑥且有彼是乎哉？果且无彼是乎哉？彼是莫得其偶⑦，谓之道枢⑧。枢始得其环中⑨，以应无穷⑩。是亦一无穷，非亦一无穷也。故曰：莫若以明。

二　注释

①方生：并存。

②方：始，随即。

③因：遵循，依托。

④由：自，经过。一说用，"不由"就是不用。照：反映。天：自然，指自然的天道。

⑤一：同一，同样。

⑥果：果真。

⑦偶：对立面。

⑧枢：枢要。道枢：大道的关键之处。

⑨环中：环的中心。得其环中：喻指抓住要害。

⑩应：适应，顺应。穷：尽。

三　译文

从他方面说，事物没有不可以称作"彼"的，从本身说，事物没有不可以称作"此"的。从他方面看来就看不到这方面，从本身这方面来了解当然是知道的。所以说，"彼"产生于"此"，"此"依存于"彼"，这就是彼此同时产生的理论。虽是这样，生的同时就出现死，死的同时就出现生。对的同时就出现错，错的同时也出现对。对的就任它对，错的也任它错，对的错的都不计较。因此圣人不经由是非之途而只是如实地反映自然之道，也是任由如此罢了。

"此"也是"彼"，"彼"也是"此"。彼有一个是非，此也有一个是非。果真有彼此之分别吗？果真无彼此之分别吗?彼与此没有对立面,就叫掌握了大道的枢要。合乎道枢才像入得圆环的中心,可以顺应无穷的变化。是的变化无穷尽,非的变化也无穷尽。所以说不如用明静之心去观照事物的本然。

第8节

一 原文

以指喻指之非指,不若以非指喻指之非指也;以马喻马之非马,不若以非马喻马之非马也①。天地一指也,万物一马也②。

二 出场人物

(空)

三 注释

①"指"与"马"是先秦名辩派公孙龙提出"指非指"和"白马非马"的命题。他又说"白马非马","白马"是具体的马。喻:说明。

②天地一指也,万物一马也:天地不过就是一指,万物不过就是一马,意指天地万物同质共通。

四 译文

用手指来说明手指不是手指,不如用非手指的东西来说明手指不是手指；用一匹马来说明白马不是马。不如用非白马的东西来说明白马不是马。天地就是一指，万物就是一马，没有什么区别。

第9节

一　原文

可乎可，不可乎不可。道行之而成，物谓①之而然。恶乎然？然于然②。恶乎不然？不然于不然。物固有所然，物固有所可。无物不然，无物不可。故为是举莛与楹③，厉与西施④，恢恑憰怪⑤，道通为一⑥。

二　出场人物

厉　西施

三　注释

①谓：称谓、称呼。

②然：这样。然：对的、正确的。

③莛（tíng）：草茎。楹：厅堂前的木柱。"莛""楹"对文，代指物之细小者和巨大者。

④厉：通"疠"，癞病，此处指丑女。西施：春秋时越国人，貌美。此处指代美女。

⑤恢：宽大。恑（guǐ）：奇变。憰（jué）：诡诈。怪：怪异。恢恑憰怪意指千奇百怪的各种事态。

⑥ 一：浑一，一体。

四　译文

可以是可以，不可以是不可以。道路是人们行走而形成的，事物的称谓是人们叫出来的。为什么是这样的呢？它原本是这样的，所以人们就认为是这样的。为什么不是这样的呢？它原本不是这样的，所以人们就认为不是这样的。为什么是可以的呢？因为它原本就是可以的，所以人们就认为是可以的。为什么是不可以的呢？因为它原本就是不可以的，所以人们就认为是不可以的。事物本来有它是的地方，事物本来有它可的地方。没有什么事物不是，也没有什么事物不可。所以就像草茎和房柱，丑陋的女子和美貌的西施，以及一切奇异古怪的东西，从道的观点来看都可以通而为一。

五　当代意义

看问题要一分为二，既要看到同一性，也要看到差异性，既要看到积极的一面，也要看到消极一面，关键是如何做到因势利导，趋利避害，为我所用。

第10节

一　原文

其分也，成也①；其成也，毁也②。凡物无成与毁，复通为一。

唯达者知通为一 ③，为是不用而寓诸庸 ④。庸也者，用也；用也者，通也；通也者，得也。适得而几矣。因是已 ⑤。已而不知其然，谓之道。

劳神明为一，而不知其同也 ⑥，谓之朝三。何谓朝三？狙公赋芧 ⑦ 曰：“朝三而暮四。”众狙皆怒 ⑧。曰：“然则朝四而暮三。”众狙皆悦。名实未亏而喜怒为用 ⑨，亦因是也。是以圣人和之以是非而休乎天钧 ⑩，是之谓两行 ⑪。

二　出场人物

狙公　圣人

三　注释

① 分：分开、分解。

② 成：生成、形成。毁：毁灭。“毁”与“成”也是相对立的，一个新事物通过分解而生成，这就意味着原事物的本有状态必定走向毁灭。

③ 达：通达，“达者”这里指通晓事理的人。

④ 为是不用，为了这个缘故不用固执己见。寓：寄托。诸：之于。庸：指平常之理。

⑤ 因：任由，随顺。

⑥ 劳：操劳。神明：心思，指精神和才智。为一：成为一体。同：具有同一的性状和特点。

⑦ 狙（jū）公：养猴的老人。赋：给予。芧（xù）：橡子。

⑧ 狙：猴子。

⑨ 亏：亏损。为用，为之所用，意思是喜怒因此而有所

变化。

⑩天钧：自然而又均衡。

⑪两行：任由是与非两方面各自发展。

四　译文

事物有所分就有所成，有所成就有所毁。所以一切事物（从总体上来看）无所谓成与毁，都复归为一。只有通达的人才知道万物通而为一的道理，因而不固执于自己的成见，而寄寓于事物本身的自然规律。这就是顺应自然的道理。顺应自然而不知其所以然，这叫作"道"。（辩者们）损耗心神去求一致，而不知道万物本来就是相同的，这就是所谓"朝三"。什么叫作"朝三"呢？养猕猴的人分橡子给猕猴，说："早上三升，晚上四升。"所有的猴子听了都很愤怒。他又说："那么早上四升而晚上三升吧。"所有的猴子都高兴了。名与实都没有亏损而猕猴喜怒却因而不同，也是顺应猴子的心理作用罢了。所以，圣人调和是非之争而保持自然均衡，这就叫作物与我各得其所、自行发展。

五　当代意义

凡是有成，就有毁，有舍，就有得，是辩证的，也是同一的，这就要求我们遵道而行，按照事物发展的规律办事。

第11节

一 原文

古之人，其知有所至矣①。恶乎至？有以为未始有物者，至矣，尽矣，不可以加矣！其次以为有物矣，而未始有封②也。其次以为有封焉，而未始有是非也。是非之彰也，道之所以亏③也。道之所以亏，爱④之所以成。果且⑤有成与亏乎哉？果且无成与亏乎哉？有成与亏，故昭氏之鼓琴也；无成与亏，故昭氏⑥之不鼓琴也。昭文之鼓琴也，师旷之枝策也⑦，惠子之据梧也⑧，三子之知几乎皆其盛者也⑨，故载之末年⑩。唯其好⑪之也以异于彼，其好之也欲以明之。彼非所明而明⑫之，故以坚白之昧⑬终。而其子又以文之纶终⑭，终身无成。若是而可谓成乎，虽我亦成也；若是而不可谓成乎，物与我无成也。是故滑疑之耀，圣人之所图也⑮。为是不用而寓诸庸，此之谓"以明"。

二 出场人物

古之人　智识次一等的人　智识再次一等的人　昭氏　师旷　惠子　其子（昭文的儿子）　我　圣人

三 注释

①知：认识。至：至极，极高境界。
②封：疆域、界线。
③亏：亏损。

④爱：偏爱。

⑤果：真的。且：句中助词。

⑥昭氏：姓昭，名文，善于弹琴。

⑦师旷：名旷，字子野。春秋时晋平公的乐师，精通音律。枝策：举杖击节乐器。

⑧惠子：惠施，古代名家学派的著名人物。据：依。梧：梧桐。据梧：靠着梧桐树高谈阔论。

⑨知：通"智"。几：尽，意思是达到了顶点。盛：最强。

⑩载：记载，一说载誉。末年：晚年。

⑪好：喜好。

⑫明：明白、表露。

⑬坚白：指石的颜色白而质地坚，但"白"和"坚"都独立于"石"之外。公孙龙曾有"坚白论"之说。昧：迷昧。

⑭其子：指昭文之子。纶：绪，这里指继承昭文的事业。

⑮滑疑：能言善辩、能乱是非异同。滑（gǔ）：乱。图：摒弃，革除。

四 译文

古时候的人，他们的智识达到了极高的境界。如何才能达到最高的境界呢？宇宙初始未形成万物时，认识到原始本无万物的存在，这种认识可谓深刻透彻极了，是智识的极高境界，不可以增加了。智识次一等的人，认为有万物存在，而未曾有分界限定。再次一等的人，认为事物有界限之别，而不曾有是非之别。是非之别明显了，道也因此有了亏损。道之所以有亏损，是因为偏爱产生的。天下的万事万物，果真有成和亏吗？还是果真没有成与亏？有成和亏，犹如昭文的弹琴；没有成和亏，就像昭文的不弹琴。昭文弹琴，师旷持杖击节，惠施靠在梧桐树下与人雄辩，他们三人的才智，都达到登峰造极，所以他们一直从业到晚年。他们都爱好自己的学问与技艺，因而跟别人大不一样；因为爱好自己的学问和技艺，所以总希望能够表现出来。而他们将那些不该彰明的东西彰明于世，因而最终以石之色白与质坚均独立于石头之外的迷昧而告终；而昭文的儿子也继承其父亲的事业，终生没有什么作为。如果像这样就可以称作成功的话，那么像我这样虽无成就也可说是成功了。如果像这样不可以称作成功的话，那么外界事物和我本身就都没有成功。因此，各种迷乱人心的巧说辩言的炫耀，都是为圣哲之人所鄙夷、摒弃的。所以圣人不用个人的才技辩说夸示于人，而是寄寓在事物的自然规律中，这就叫作"以明"。

五 当代意义

大道无言，没有人能随随便便成功。"为是不用而寓诸庸"能成为学界翘楚、行业标杆出类拔萃的人物。这昭示我们，秉承公道，向圣人学习，把自己人生追求与时代发展共进；勤于修业，涵养自身。

第 12 节

一　原文

今且^①有言于此，不知其与是类乎^②？其与是不类乎？类与不类，相与为类，则与彼无以异矣。

虽然^③，请尝言之。有始也者，有未始有始也者，有未始有夫未始有始也者。有有也者，有无也者，有未始有无也者，有未始有夫未始有无也者。俄而^④有无矣，而未知有无之果孰有孰无也。今我则已有谓矣^⑤，而未知吾所谓之其果有谓乎？其果无谓乎？

二　出场人物

"今且有言于此"者　"请尝言之"者

三　注释

①今且：假设之辞。

②是：此。指上面"为是不用而寓诸庸，此之谓'以明'"等言论。类：同类、相同。

③虽然：虽是如此。

④俄而：突然。

⑤谓：评说、议论。

四　译文

现在在这里说一些话，不知这些话跟其他人的谈论是属于同一类呢，还是不属于同一类？相同的言论与不相同的言论，既然发了言都算是一类了，那么与其他人就没有什么区别了。

既然如此，还是请让我试着把这一问题说一说。宇宙万物有它的开始，有它未曾开始的开始，还有它未曾开始的未曾开始的开始。宇宙万物的初始有它的"有"，但也有它的"无"，还有它的未曾有"无"的"无"，还有它的未曾有的那未曾有的"无"。突然间产生了"有"和"无"，然而不知道这个"有"与"无"果真是不是"有"和"无"。现在我已经说了这些言论和看法，但不知道我所说的果真是说了呢，还是没有说呢？

五　当代意义

宇宙的起源、浩瀚的星空一直为人类所孜孜探索。宇宙文明、域外文明等有更多人类未解之谜，人类应合力组织攻坚，大力发展航天技术。

第13节

一　原文

天下莫大于秋豪①之末，而大山②为小；莫寿于殇子③，而彭祖为夭④。天地与我并生，而万物与我为一⑤。既已为一矣，且得有言乎？既已谓之一矣，且得无言乎⑥？一与言为二，二与一为三。自此以往，巧历不能得⑦，而况其凡乎⑧！故自无适有⑨，以至于三⑩，而况自有适有乎！

无适焉，因是已^⑪！

二 出场人物

殇子 彭祖 我

三 注释

①豪：通"毫"。秋豪：动物秋天换的新毛。

②大山：泰山。古人多用泰山比喻高大的东西。

③寿：长命。殇子：夭折的小孩。

④夭：短命。

⑤天地二句，天地万物都和我们同生于"无"，都同为一体。

⑥既已二句，既然已经是同为一体了，那么还有什么可说的呢？

⑦巧历：善于计算的人。不能得：不能算出发展下去的数目。

⑧凡：一般的人。

⑨适：往，发展。

⑩以：而。三：多。

⑪无适二句，别推算下去了，就这样吧！无：通"毋"。是：此，这样。

四 译文

　天下没有什么比秋毫的末端更大的东西，而泰山却是小的；世上没有什么人比夭折的孩子更长寿，而活了八百岁的彭祖却是短命的。天地与我共生，而万物与我同为一体。既然已经合为一体了，那还需要言论吗？既然已经说了合为一体，又怎能说没有言论呢？万物一体加上我所发的言论就成了"二"，"二"再加上"一"就成了"三"，以此类推，最精明的计算也不可能求得最后的数字，何况大家都是凡夫俗子！所以，从无到有乃至推到"三"，又何况从"有"推演到"有"呢？没有必要再这样推算下去了，顺应自然就是了。

五　当代意义

"我"和万物为一体，同根同祖，每个生命体包括山、林、湖、草等都是天地之子，本是同根生，应该平等对待，否则，会付出沉重的代价。这对我们保护好生态环境，实现人类命运共同体、人与自然和谐共生具有重要意义。

第14节

一　原文

夫道未始有封①，言未始有常②，为是而有畛也③。请言其畛。有左有右，有伦有义④，有分有辩⑤，有竞有争，此之谓八德⑥。六合⑦之外，圣人⑧存而不论；六合之内，圣人论而不议⑨；春秋经世先王之志⑩，圣人议而不辩⑪。故分也者，有不分也；辩也者，有不辩也。曰："何也？"圣人怀之⑫，众人辩之以相示也⑬。故曰：辩也者，有不见也。

二　出场人物

圣人　先王

三　注释

①封：界限。

②常：是非定准。

③畛（zhěn）：界限。

④伦：次序。义：通"仪"，仪则。

⑤辩：区别。

⑥八德：贾谊《道德说》："德者，离无而之有。"故八德即指从无发展到有的八种界限。

⑦六合：天地。因天地间为东、南、西、北、上、下六方所包围，故称六合。

⑧圣人：指道家的圣人而非指孔丘。下同。

⑨论而不议：论述而不评议。论偏重于客观反映，议偏重于主观评价。

⑩春秋：泛指史书。经：治。

⑪辩：争辩。

⑫怀：指不去分辨物我和是非，把物与我、是与非都藏于身。

⑬相示：争相显示。这里含有夸耀于外的意思。

四　译文

道不曾有过界线，言论也不曾有过固定的标准，只因为各自认为只有自己的观点和看法才是正确的，这才有了这样那样的界线和区别。请让我谈谈那些界线和区别：有左有右，有序列有等级，有分别，有论辩，有竞辩，有争持，这就是世俗所谓的八种才能。天地以外的事，圣人是存而不论的；天地以内的事，圣人只论述而不评议。一切古史中关于先王治世的记载，圣人只评议而不争辩。所以天下的事理有分别，就有不分别；有辩论，就有不辩论。这是为什么呢？圣人虚怀若谷，不去争辩，众人则争辩不休而竞相夸示。所以说，凡是争辩，就有自己看不见的方面。

第15节

一 原文

夫大道不称^①，大辩^②不言，大仁不仁^③，大廉不嗛^④，大勇不忮^⑤。道昭而不道，言辩而不及，仁常而不成，廉清而不信^⑥，勇忮而不成。五者无弃而几向方矣^⑦！故知止其所不知，至矣。熟^⑧知不言之辩，不道之道？若有能知，此之谓天府^⑨。注^⑩焉而不满，酌焉而不竭^⑪，而不知其所由来^⑫，此之谓葆光^⑬。

二 出场人物

圣人 众人

三 注释

① 称：举称，宣扬的意思。

②大辩：高论，指掌握了高论的人。

③不仁：不爱。

④嗛（qiān），通"谦"。廉洁的人常常表现得很谦让的样子。

⑤忮（zhì）：忌恨，害。不忮：不会有害人之心。

⑥廉清而不信：廉若露了行迹就不可信。

⑦五者句，圆和方是相反的。以上五个方面都适得其反，所以说本来想圆而变成了方。几：近乎。向：转向。

⑧孰：通"孰"，谁。

⑨天府：自然的府库。形容心灵广大，能包容一切。

⑩注：灌注。

⑪酌：舀取。竭：尽。这句形容圣人的智慧无穷，用之不尽。

⑫所由来：来源。

⑬葆光：隐藏光明而不外露。

四 译文

大道是不可称谓的，大辩是不用言辞的，大仁是没有偏爱的，大廉是不必表示谦让的，大勇是从不伤害他人的。道一旦昭明了就不是道，言语争辩就有所不及，仁爱之心经常流露反而成就不了仁爱，廉洁到清白的极点，其行迹反而就不可信，勇敢到随处伤人也就不能成为真正勇敢的人。这五种情况就好像着意求圆却几近成方一样。因此懂得停止于自己所不知晓的境域，那就是绝顶的明智。谁能真正通晓不用言语的辩驳、不用称说的道理呢？假如有谁能知道，他就能称为天然的府库。无论往里面注入多少东西也不会溢满，无论取出多少东西，它也不会枯竭，而且也不知这些东西来自何处，这就叫作潜藏不露的光明。

五 当代意义

海纳百川，有容乃大。人与人之间、单位与单位之间、国家与国家之间，因为各种原因，存在着形式和内容上的差异。只有彼此尊重个性差异，交流互鉴，求同存异，包容相蕴，才能和谐发展、共同繁荣。

第 16 节

一 原文

故昔者尧问于舜曰："我欲伐宗、脍、胥敖，南面而不释然①。其故何也？"舜曰："夫三子者②，犹存乎蓬艾③之间。若④不释然，何哉？昔者十日并出，万物皆照，而况德之进乎日者乎⑤！"

二 出场人物

尧 舜

三 注释

①宗、脍（kuài）、胥（xū）敖（áo）：上古时代的三

个小国。南面：面向南。古代帝王的座位是南向的，故以南面代指帝位。这里引申为临朝。不释然：芥蒂在心，耿耿于怀。

②三子者：指上述三国的国君。

③蓬：蓬蒿。艾：艾草。

④若：你，指尧。

⑤而况句：而何况道德比太阳还要光辉呢？意谓更应普照万物，宽容三个小国。进乎：胜过，超过。

四 译文

从前尧向舜问："我想征伐宗、脍、胥敖这三个小国，每当上朝理事总感到心里不安，这是什么原因呢？"舜回答说："那三个小国的国君，犹如生存在蓬蒿艾草之中。你总是耿耿于怀，心神不宁，为什么呢？从前十个太阳一起升起来，普照万物，何况你崇高的德行又远远超过了太阳的光芒呢！"

第17节

一 原文

啮缺问乎王倪①曰："子知物之所同是乎②？"

曰："吾恶乎知之！"

"子知子之所不知邪？"

曰："吾恶乎知之！"

"然则物无知邪？"

曰："吾恶乎知之！虽然，尝试言之：庸讵知吾所谓知之非不知邪？庸讵③知吾所谓不知之非知邪？且吾尝试问乎女：民湿寝则腰疾偏死，鳅然乎哉④？木处则惴栗恂惧，猿猴然乎哉⑤？三者孰知正处⑥？民食刍豢⑦，麋鹿食荐⑧，蝍蛆甘带⑨，鸱鸦耆鼠⑩，四者孰知正味⑪？猿猵狙⑫以为雌，麋与鹿交⑬，鳅与鱼游。毛嫱丽姬，人之所美也⑭；鱼见之深入，鸟见之高飞，麋鹿见之决骤⑮，四者孰知天下之正色⑯哉？自我观之，仁义之端⑰，是非之涂⑱，樊然淆乱⑲，吾恶能知其辩⑳！"

啮缺曰："子不知利害，则至人固不知利害乎㉑？"

王倪曰："至人神矣！大泽焚而不能热，河汉沍而不能寒㉒，疾雷破山、飘风振海而不能惊。若然者，乘云气，骑日月，而游乎四海之外，死生无变于己㉓，而况利害之端乎！"

二 出场人物

啮缺 王倪

三 注释

①啮（niè）缺、王倪：传说是尧时贤人。尧的老师叫许由，许由的老师叫啮缺，啮缺的老师叫王倪。

②子：先生。所同是：指相互间共同的地方，即所同之是。是：肯定。

③庸讵（jù）：怎么，哪里，何以。庸：安，何。

讵：何。

④民：人。湿寝：睡在湿的地方。疾：病。偏死：偏瘫，半身不遂。鳅：泥鳅。然：这样。然乎哉：会这样吗？下同。

⑤木处：在高高的树木上居住。惴、栗、恂（xún）、惧：四字都是恐惧、惧怕的意思。猨：同"猿"。

⑥三者句：人、鳅、猿猴三者安居不同，谁才算懂得真正舒适的处所呢？处：处所。

⑦刍（chú）：草。豢（huàn）：养。刍豢：用草喂养，这里代指家畜、牲口。

⑧麋：一种食草的珍贵兽类，与鹿同科。荐：茂盛的草。

⑨蝍蛆（jí qū）：蜈蚣。甘：可口。带：蛇。蜈蚣爱吃蛇脑。

⑩鸱（chī）：猫头鹰。鸦：乌鸦。耆：通"嗜"，爱好。

⑪正味：真正可口的味道。

⑫猵（biān）狙：猕猴的一种。

⑬交：交配。

⑭所美：认为美丽的人。

⑮决骤：迅速奔跑。

⑯正色：真正漂亮的容貌。

⑰端：头绪。

⑱涂：途径。

⑲樊然：杂乱的样子。淆：错杂。

⑳辩：通"辨"，区别。

㉑ 至人：这里指能够达到忘我境界的、道德修养极高的人。

㉒ 大泽：大草泽。热：作动词用，使之感到热。下句"寒"字亦作动词用。河：黄河。汉：汉水。冱（hù）：冻结。

㉓ 死生句：生死问题在身上毫无发生作用。无变于己，意思是对于他自己全无变化。

四　译文

啮缺问王倪："你知道万物有共同的标准吗？"

王倪说："我怎么知道呢！"

啮缺又问："你知道你所不知道的事物吗？"

王倪回答说："我怎么知道呢！"

啮缺接着又问："那么万物便都无法知道了吗？"

王倪回答："我怎么知道呢！即便如此，我还是试着来回答你的问题。你怎么知道我所说的'知道'不是'不知道'呢？你又怎么知道我所说的'不知道'不是'知道'呢？我还是先问一问你：人们睡在潮湿的地方就会腰生疾病以至于酿成半身不遂，泥鳅也会这样吗？人们处在高高的树木上就会恐惧不安，猿猴会这样吗？人、泥鳅、猿猴三者谁知道居住在什么地方才是最合适的呢？人吃禽兽的肉，麋鹿吃草，蜈蚣爱吃蛇，猫头鹰和乌鸦则爱吃老鼠，人、麋鹿、蜈蚣、猫头鹰和乌鸦这四者究竟谁才懂得真正的美味呢？雌猿和猵狙成为配偶，麋与鹿交配，泥鳅与鱼交尾。毛嫱和丽姬是人们称道的美人了，可是鱼儿见了她们深深潜入水底，鸟儿见了她们高高飞向天空，麋鹿见了她们飞快地奔逃。人、鱼、鸟和麋鹿四者究竟谁才懂得天下真正的美色呢？依我来看，仁义的端倪，是与非的途径，纷然错乱，我怎么能知晓它们之间的区别！"

啮缺说："你不知道利与害，道德修养高尚的至人难道也不懂得利与害吗？"

王倪说："至人神妙极了！山泽焚烧不能使他感到热，黄河、汉水封冻了不能使他感到冷，疾雷震裂了山岳而不能使他身体受到伤残。狂风掀起海浪而不能使他感到震惊。像这样的至人，乘着云雾，骑着日月，而在四海之外遨游，死和生对于他自身都没有变化，何况利与害这些微不足道的小事呢！"

五　当代意义

现实生活中，要学会从不同的角度看问题。事物间存在差异，导致事物具有多面性。福祸相依，危中有机，这就要求运用辩证的观点观察事物、看待问题。

第18节

一　原文

瞿鹊子问乎长梧子^①曰："吾闻诸夫子：'圣人不从事于务^②，不就^③利，不违^④害，不喜求^⑤，不缘道^⑥，无谓有谓，有谓无谓^⑦，而游乎尘垢^⑧之外。'夫子以为孟浪^⑨之

言，而我以为妙道之行也⑩。吾子以为奚若⑪？"

二　出场人物

瞿鹊子　长梧子　圣人　夫子（孔丘）

三　注释

①瞿鹊子：孔门后学。长梧子：被封在长梧，故又被称为长梧封人。

②务：世务。

③就：趋就，这里有追逐的意思。

④违：避开。

⑤喜求：热衷于追求。

⑥缘道：害道。与喜求对举。

⑦无谓二句：没有说也是说了，说了也等于没有说。

⑧尘垢：指世俗。

⑨孟浪：荒诞不切实际。

⑩行：途径。妙道之行：通向美妙大道的道路。

⑪奚若：何如。

四　译文

瞿鹊子问长梧子说："我听孔夫子说过：'圣人不从事尘世的事务，不追逐私利，不回避灾害，不喜好贪求，不拘泥于道；没有说等于说了，说了又等于没有说，而心神遨游于世俗之外。'孔夫子认为这些是轻率不当的言论，而我却认为是通往美妙大道的途径。您认为怎么样呢？"

第19节

一　原文

长梧子曰："是黄帝之所听荧也①，而丘也何足以知之！且女亦②大早计，见卵而求时夜③，见弹而求鸮炙④。予尝为女妄言之，女以妄听之⑤。奚旁日月⑥，挟宇宙，为其吻合⑦，置其滑涽⑧，以隶⑨相尊？众人役役⑩，圣人愚芚⑪，参万岁而一成纯⑫。万物尽然⑬，而以是相蕴⑭。予恶乎知说⑮生之非惑邪！予恶乎知恶死之非弱丧而不知归者邪⑯！

"丽之姬⑰，艾封人之子也。晋国之始得之也，涕泣沾襟。及其至于王所⑱，与王同筐床⑲，食刍豢，而后悔其泣也。予恶乎知夫死者不悔其始之蕲⑳生乎？梦饮酒者，旦而哭泣；梦哭泣者，旦㉑而田猎。方其梦也，不知其梦也。梦之中又占其梦焉，觉而后知其梦也。且有大觉而后知此其大梦也㉒。而愚者自以为觉，窃窃然㉓知之。君乎！牧乎㉔！固㉕哉丘也！与女皆梦也，予谓女梦，亦梦也是其言也㉖，其名为吊诡㉗。万世之后而一遇大圣，知其解者，是旦暮遇之也。"

二　出场人物

长梧子　黄帝　丽之姬

三　注释

①荧：眼花缭乱。听荧：听了感到疑惑。

②大：通"太"。

③卵：鸡蛋。时夜：司夜。五更时分鸡啼报晓，故古人称鸡为司夜。

④弹：指打鸟用的弹丸。鸮（xiāo）：鹏鸟，似斑鸠。炙：烤肉。

⑤尝：试。女：通"汝，"你。妄：随便，姑且。

⑥奚：何不。旁：通"傍"，依傍。

⑦为：与。其：指日月、宇宙。

⑧置：任。滑涽（hūn）：昏乱。

⑨隶：奴仆之类。

⑩役役：忙碌奔波的样子。

⑪芚（chūn）：谨厚的样子。

⑫参万岁句：与万岁的大道相糅合而整个变得浑浑沌沌。参：糅合。一：一体，整个。

⑬尽然：都如此。

⑭是：此。相蕴：相互包藏。

⑮说：通"悦"。

⑯弱：年少。丧：亡失。

⑰丽之姬：骊戎国的美女，即骊姬。晋献公的夫人。

⑱王所：王居住的地方，即王宫。

⑲筐床：君主所睡的床。

⑳蕲（qí）：求。

㉑旦：早上，这里指醒来。

㉒大觉：指领悟了大道而觉醒。大梦：指一辈子不觉悟，如长期睡觉一般。

㉓ 窈窈然：明察的样子。

㉔ 牧：养马人。君，代表高贵的。牧，代表卑贱的。

㉕ 固：固陋。

㉖ 是其言：这些话。

㉗ 其：指愚者。名：称。吊诡：恢恑。"诡"借为"恑"。

四　译文

长梧子说："这些话黄帝听了也会疑惑不解的，孔丘又怎么能理解呢！而且你也太求知过急了，就像见到鸡蛋便想马上得到报晓的雄鸡，见到弹丸便想马上获取烤熟的斑鸠肉。我姑且给你胡乱说一说，你也就胡乱听一听，怎么样？圣人傍日月，怀抱着宇宙，与天地万物混合为一体，任其淆乱纷争而不顾，把卑贱与尊贵都等同起来。众人忙忙碌碌，圣人却好像非常愚昧，糅合古今事物为一体却精纯不杂。万物全都是这样，而互相蕴含着归于精纯浑朴之中。我怎么知道贪生不是迷惑呢？我又怎么知道怕死不是年幼流落他乡而老大还不知回归家乡呢？

"丽姬是艾地戍守封疆人的女儿，晋国刚得到她的时候，她哭得泪水湿透了衣襟。等她到晋国的王宫，与国君同睡一床，吃上美味的肉食，才后悔当初不该伤心到哭泣。我又怎么能知道那些死去的人不会后悔当初的贪生呢？梦里饮酒作乐的人，早上醒来后哭泣；梦中哭泣的人，早上醒来后欢快地去打猎。正当他在做梦的时候，他并不知道自己是在做梦。睡梦中还会卜问所做之梦的吉凶，醒来以后方知是在做梦。只有彻底觉醒了的人才知道人生也是一场大梦。而愚昧的人自以为清醒，显出明察的样子，似乎什么都知晓。君尊牧卑，这种看法实在是浅薄鄙陋呀！孔丘和你都是在做梦，我说你们在做梦，其实我也在做梦。这些言论，可以称作奇谈怪论。万世以后遇上一位大圣人，能了然这些，如同早晚遇着的一样。"

第20节

一　原文

"既使我与若①辩矣，若胜我，我不若胜②，若果是也③，我果非也邪？我胜若，若不吾胜，我果是也，而④果非也邪？其或是也，其或非也邪⑤？其俱是也，其俱非也邪⑥？我与若不能相知也。则人固受其黮暗⑦，吾谁使正⑧之？使同乎若者正之，既与若同矣，恶能正之？使同乎我者正之，既同乎我矣，恶能正之？使异乎我与若者正之，既异乎我与若矣，恶能正之？使同乎我与若者正之，既同乎我与若矣，恶能正之？然则我与若与人俱不能相知也，而待彼也邪？"

"何谓和之以天倪⑨？"

曰："是不是，然不然。是若果是也，则是之异乎不是也亦无辩；然若果然也，则然之异乎不然也亦无辩。化声之相待⑩，若其不相待。和之以天倪，因之以曼衍⑪，所以穷年也。忘年忘义⑫，振于无竟⑬，故寓诸无竟⑭。"

二 出场人物

我（长梧子） 若（瞿鹊子）

三 注释

① 若：你。

② 不若胜：宾语前置，即不胜若，不赢你。

③ 果是：一定对。

④ 而：你。

⑤ 或是：指一方对。或非：指一方不对。

⑥ 俱是：都对。俱非：都不对。

⑦ 固：必。闇（dǎn）暗：昏暗不明。

⑧ 谁使：宾语前置，即使谁。正：评判。

⑨ 天倪：自然的分际。

⑩ 化声之相待：是非之辩互相对立而成。

⑪ 曼衍：自在变化，不拘常规。

⑫ 忘年：不计岁月。忘义：不讲仁义。

⑬ 振：畅。竟：通"境"。振于无竟：遨游于无穷的境地。

⑭ 寓：寄托。诸：之于。

四 译文

"倘使我与你辩论，你胜了我，我没有胜你，你就果真对吗，我就果真错吗？我胜了你，你没有胜我，我就果真对吗，而你就果真错吗？难道我们两人当中有谁是正确的，有谁是不正确的吗？难道我们两人都是正确的，或都是不正确的吗？我和你都无从知道，而他人原本也都承受着蒙昧与晦暗，我让谁来评判是非呢？让观点跟你相同的人来评判？既然他和你的观点相同，怎么能做出公正的评判！让观点跟我相同的人来评判，既然他和我的观点相同，怎么能做出公正的评判！让观点不同于我和你的人来评判，既然看法不同于我和你，怎么能做出公正的评判？让观点跟我和你都相同的人来评判，既然他的观点跟我和你相同了，又怎么能做出公正的评判？如此，那么我和你及大家都不能评判谁是谁非了，还等待谁来评判呢？"

"什么叫作用自然之道来调和天地万物呢？"

长梧子说："对的也就像是不对的，正确的也就像是不正确的。对的假如果真是对的，那么对的不同于不对的，这就不须去争辩；正确的假如果真是正确的，那么正确的不同于不正确的，这也不须去争辩。是是非非变化的声音是互相对立而成的，若要使它们不相对立，就要用自然之道来调和，顺应其自在的变化，以此享尽天年。忘掉死生年岁，忘掉是非仁义，遨游于无穷的境地，因此也就能寄寓于这无穷无尽的境地。"

五　当代意义

遵道求真，顺势而为。新发展阶段、新发展理念、新发展格局，对遵循规律、顺应自然提出了更高的要求。杀鸡取卵、涸泽而渔的非科学发展观为庄子所坚决反对，更不符合习近平提出的"绿水青山就是金山银山"的理念，这对当今的执政决策具有十分重要的启迪意义。

第21节

一 原文

罔两 ① 问景曰："曩 ② 子行，今子止；曩子坐，今子起。何其无特操与 ③ ？"

景曰："吾有待而然者邪？吾所待又有待 ④ 而然者邪？吾待蛇蚹 ⑤ 蜩翼邪？恶识所以然？恶识所以不然？"

二 出场人物

罔两　景（影子）

三 注释

① 罔两：影子的影子。景：古"影"字。

② 曩（nǎng）：从前。

③ 特操：独立的操守。无特操，指影子随物而动，缺乏独立性。

④ 待：依靠，凭借。

⑤ 蛇蚹（fù）：鳞皮。

四 译文

罔两问影子说："先前你行走，现在你停下；刚才你坐着，现在你站起来。你怎么这样没有自己独立的操守呢？"

影子回答说："我是有所依凭才这样的吗？我所依凭的东西又有所依凭才这样的吗？我所依凭的东西就像蛇凭借腹下的鳞皮而行，蝉凭借翅膀而飞吗？我怎能知道为什么会这样! 我又怎能知道为什么不会这样!"

第22节

一　原文

昔者庄周梦为胡蝶，栩栩然胡蝶也 ①。自喻适志与 ②！不知周也。俄然觉，则蘧蘧然周也 ③。不知周之梦为胡蝶与？胡蝶之梦为周与？周与胡蝶则必有分矣。此之谓物化 ④。

二　出场人物

庄周

三　注释

① 栩栩然：翩翩飞舞的样子。

② 喻：晓，觉得。适志：快意，合乎心意。与：通"欤"，句尾助词。

③ 蘧蘧（qú）然：僵直卧着的样子。

④ 物化：化为物。指物与我融化为一。

四　译文

从前庄周梦见自己变成了蝴蝶，翩翩飞舞的一只蝴蝶，自我感觉非常愉快和惬意！不知道自己是庄周了。突然间醒了，自己分明是僵直卧在床上的庄周。不知是庄周做梦变成蝴蝶呢，还是蝴蝶梦中变成庄周呢？庄周与蝴蝶，那必定是有分别的。这种物我的转变就叫作"物化"。

五 当代意义

天人合一，物我两忘。这是一种理念，更是一种价值取向，指导人们正确面对日益纷繁复杂的社会变化，科学处理人与自然、人与社会之间的关系，构建一个和谐包容的命运共同体。

经典成语

1. 槁木死灰

【释义】槁木，枯死的树木。死灰，燃烧后的冷灰。比喻毫无生机，极端消沉或冷漠无情。也作枯木死灰。

2. 勾心斗角

【释义】比喻用尽心计，明争暗斗。也作钩心斗角。

3. 恢诡谲怪

【释义】恢，恢谐。诡，狡猾。谲，欺诈。怪，奇异。比喻离奇怪异，神奇古怪，变化莫测。

4. 朝三暮四

【释义】原意谓以诈术欺人。后谓反复无常。也作暮四朝三。

5. 赋芧戏狙

【释义】赋：交给。芧：栗子。狙：猕猴。后用其指奸诈多变，戏弄人。

6. 枝策据梧

【释义】昭文鼓琴、师旷持杖击节、惠子靠着梧桐树谈论，他们三个人的才智几乎都到了最高境界，所以才会载誉晚年。形容人的用心劳神。

7. 秋毫之末

【释义】原指秋天动物新换的绒毛的尖端。比喻十分微细的东西。

8. 沉鱼落雁

【释义】使游鱼下沉，使飞雁降落。原谓人之所美，鱼鸟麋鹿见而避之。后用以形容女子容貌极其美丽。也作落雁沉鱼、鱼沉雁落。

9. 见卵求鸡

【释义】看见鸡蛋就急着想让它变成公鸡报晓。比喻预计过早。

10. 姑妄言之，姑妄听之

【释义】姑且随便说说，随便听听。表示说的未必有根据或有价值，听的也不必那么认真相信。

11. 庄周梦蝶

【释义】庄周在梦中变为蝴蝶，比喻人生变幻无常。

12. 栩栩如生

【释义】形容文艺作品中的形象描绘得非常逼真，宛如活的一样。栩栩，生动活泼的样子。

养生主

导　读

　　《养生主》主旨是讲养生之道的。所谓"养生主"，即"养生的宗旨"，庄子所言养生是广义的，不是养形，而是养神（养心），即个体如何在世的问题。养神的方法是依乎天理，顺乎自然，恬淡虚静，游于无有，忘形忘情，完全取消主客对立，达到天人合一境界，使精神不被外物所伤，从而实现享尽天年的养生目的。养生不能脱离现实，人是生活在现实世界之中的，需要处理好各种人际关系，在错综复杂、矛盾重重、荆棘遍地的现实环境中，找到个人的安身立命之处，特别是在庄子的时代，人类更是处于水深火热、民不聊生之中，想善始善终、颐养天年也是十分不易的。

　　全篇以"缘督以为经"为纲，指出在人生也有涯，而知也无涯的境况中，养生最重要的是秉承事物的中虚之道，顺应自然变化的本然之性，才可以保身、全生、养亲、尽年。

　　为说明此理，庄子首先以庖丁解牛的故事比喻人之养生，说明处世、生活都要遵循事物的规律，从而避开是非和矛盾的纠缠。对于一头整牛，一般人无从下手，不知道该怎么办，就如同刚刚进入社会的学生，领导交给一项工作，往往不知从哪儿开始推进展开，还经常出错，到处碰壁，这就只能"伤刀"了。要达到庖丁的水平，就需要经过反复试验之后，找到规律，才能依乎天理，因其固然，达到游刃有余的自由。庄子叮嘱，即使有了一定经验积累，也要保持谦虚谨慎的态度，不要锋芒毕露，要善刀而藏之。

接下来，庄子用公文轩见独腿人右师的故事，阐述了天道存在状态非人所能掌控的，天让右师招祸断足，不论是先天的还是后天的，这些都是取决于天，而非人能为之。庄子的言下之意，就是说，天道才是这个世界的最高主宰，人只能安之若命，好人也有碰到天灾人祸的时候。面对不幸与困难，有人萎靡不振，有人越挫越勇，排除万难，去争取成功。这也许是庄子列举许多残疾人说明品德充实的道理所在。

野鸡十步才能吃到一口食，百步才能喝到一口水，但它不祈求被养在笼中。因为"神虽王，不善也"。在笼子里虽足吃足喝，精神旺盛，物质待遇不错，身体养得很壮，但并不自由，而且随时可能成为主人的一道美食。让人从中体悟到养神比养形重要，自由对养生才是至关重要的。

秦失吊唁老聃，只哭了三声就出来了，引出其弟子的疑问："为什么秦失不好好对待朋友？"秦失针对弟子的疑惑做了一番解答。秦失说，原来我以为你们跟随老师多年，都是修成正果、超然物外之人了，现在看来也并不是我想象的那样，也是未脱离俗情的凡夫俗子而已。言外之意，是说这些弟子并没有领会老师思想的真谛，这和庄子临终前弟子要厚葬他是一样的。庄子通过秦失表达了自己的思想，他认为用那种哭法来悼念老聃是违背他的思想的，是遁天倍情的行为。人的生生死死，都是自然规律，人在其中，应该安然于道中。存，吾幸事；没，吾宁也。安时处顺，处变不惊，才是真正的养生之道。

最后结尾处，庄子又说了一句意味深长的话："指穷于为薪，火传也，不知其尽也。"这一句争议颇多，有很多的解读版本。一般认为"烛薪"可以燃尽，但火永远不会灭，寓意人的形体有灭亡的时候，但精神不会灭亡，即"形灭而神不灭"。也可以体悟为道的永存。

《养生主》整篇围绕一个中心思想：把握本质，顺道而为。降生到人间，就要在天道与人道之间生存，既要明天道，也要懂人道，依乎天理，在人世间游走，完成保身、全生、养亲、尽年的人生过程。要从根本上理解生与死的一体关系，生在死中，死在生中，生生死死，无穷尽矣。

第1节

一 原文

吾生也有涯①，而知②也无涯。以有涯随③无涯，殆④已；已⑤而为知者，殆而已矣。为善无近⑥名，为恶无近刑。缘督以为经⑦，可以保身，可以全生⑧，可以养亲⑨，可以尽年⑩。

二　出场人物

（空）

三　注释

①涯：本亦作"崖"，边际，极限，界限。

②知（zhì）：技能，知识，才智。

③随：追随，索求。

④殆：危险，这里指疲困不堪，神伤休乏。

⑤已：如此。这里指上句所说的用有限的生命索求无尽的知识的情况。

⑥近：接近，这里含有追求、贪图的意思。

⑦缘：循，顺着，遵循，顺应。督：中，正道。人身前的中脉为任脉，身后的中脉为督脉，任、督二脉为人体奇经八脉的主脉，主呼吸之息。"缘督"就是顺从自然之中道的意思。经：恒常。

⑧生：通"性"，"全生"意思是保全天性。

⑨养亲：指真君，即精神。亦说不为父母留下忧患。

⑩尽年：终享天年，不使夭折。

四　译文

人们的生命是有限的，而知识却是无限的。以有限的生命追求无限的知识，势必体乏神伤，弄得筋疲力尽，困顿不堪。既然如此，还超负荷地不停地追求各种知识，而不顾及生命，那就更加危险了！做了世人所谓的善事不要有贪图名声的想法，做了世人所谓的恶事不要到了触犯刑罚的地步。

像气循任、督二脉周流不息一样，遵从自然的中正之路，并把它作为顺应事物的常法，这样就可以保护身体，保全天性，精神内守，不给父母留下忧患，赡养亲人，就可以无忧无虑，终享天年了。

第2节

一 原文

庖丁为文惠君解牛①，手之所触②，肩之所倚③，足之所履④，膝之所踦⑤，砉然向然⑥，奏刀騞然⑦，莫不中音⑧，合于桑林之舞⑨，乃中经首之会⑩。文惠君曰："嘻⑪，善哉！技盖至此乎⑫?"

庖丁释⑬刀对曰："臣之所好者道也⑭，进乎技矣⑮。始臣之解牛之时，所见无非全牛者。三年之后，未尝见全牛也。方今之时，臣以神⑯遇而不以目视，官知止而神欲行⑰。依乎天理⑱，批大郤⑲，导大窾⑳，因其固然㉑，枝经肯綮之未尝㉒，而况大軱乎㉓！良庖岁更刀㉔，割也；族庖月更刀㉕，折也㉖。今臣之刀十九年矣，所解数千牛矣，而刀刃若新发于硎㉗。彼节者有间㉘，而刀刃者无厚。以无厚入有间，恢恢乎其于游刃必有余地矣㉙，是以十九年而刀刃若新发于硎。虽然，每至于族㉚，吾见其难为，怵然㉛为戒，视为止，行为迟，动刀甚微。謋然已解㉜，如土委地。提刀而立，为之四顾，为之踌躇满志㉝，善㉞刀而藏之。"

文惠君曰："善哉！吾闻庖丁之言，得养生焉㉟。"

二 出场人物

庖丁 文惠王

三 注释

① 庖（páo）：厨房。"庖丁"即厨师。一说"庖"指厨师，"丁"是他的名字。为：替，给。文惠君：旧说指梁惠王，疑为附会，可视为虚构人物。解：剖开、分解。

② 触：接触。

③ 倚：靠。

④ 履：踏、踩。

⑤ 踦（yǐ）：用膝抵住牛体。

⑥ 砉（xū）然：皮骨分离的声音。"向（响）然"：形容解牛发出的声音。

⑦ 奏：进。騞（huō）然：进刀之声。

⑧ 中（zhòng）：合乎。中音：合乎音乐的节奏。

⑨ 桑林：传说中殷商时代的乐曲名。桑林之舞，意思是用桑林乐曲伴奏的舞蹈。

⑩ 经首：传说中帝尧时代的乐曲名。会：乐律，节奏。

⑪ 嘻（xī）：叹词。

⑫ 盖：通"盍"，何，怎么的意思。一说为句中语气词。

⑬ 释：放下。

⑭ 好（hào）：喜好。道：事物的规律。

⑮ 进：进了一层，含有超过、胜过的意思。乎：于，比。

⑯ 神：精神，心思。

⑰ 官：器官，这里指眼睛。知：知觉，这里指视觉。官知止：感官的认知作用停止了。

⑱ 天理：自然的纹理，这里指牛体的自然结构。

⑲ 批：击，劈。郤（xì）：通"隙"，这里指牛体筋腱骨骼间的空隙。

⑳ 导。引刀而入，导向。窾（kuǎn）：空，这里指牛体骨节间较大的空处。

㉑ 因：依，顺着。固然：本然，原本的样子。

㉒ 枝：指支脉。经：经脉。"枝经"指经络结聚的地方。肯：附在骨上的肉。綮（qìng）：骨肉连接很紧的地方。未：不曾。尝：尝试。

㉓ 軱（gū）：大骨。

㉔ 岁：每年。更（gēng）：更换。

㉕ 族：众。族庖：指一般的厨师。

㉖ 折：断；这里指用刀砍断骨头。

㉗ 发：出，这里指刚从磨刀石上磨出来。硎（xíng）：磨刀石。

㉘ 间：缝，间隙。

㉙ 恢恢：宽广、宽绰。游刃：运转的刀刃。

㉚ 族：指骨节、筋腱聚结交错的部位。

㉛ 怵（chù）然：小心谨慎的样子。

㉜ 謋（huò）：解散、散开。

㉝ 踌躇：悠然自得的样子。满志：满足了心意。

㉞ 善：好好擦拭刀。

㉟ 养生：其后省中心语，意思是"养生之道"。

四 译文

庖丁为文惠君宰牛，分解牛体时，手接触的地方，肩靠着的地方，脚踩踏的地方，膝抵住的地方，动作干净利索，牛体被肢解发出哗啦哗啦的声响，快速进刀时，发出阵阵唰唰的声音，像美妙的音乐旋律，既符合桑林舞曲的节奏，又合于经首乐章的韵律。

文惠君说："啊！好极了！你的技术怎么达到如此高超的地步呢？"

庖丁放下刀回答说："我所喜好的是道，摸索事物的规律，比起一般的技术、技巧又进了一层，已经超出一般技术经验层面了。我开始从事解牛的时候，所看见的只是一头整牛。经过三年实践不断摸索之后，就不再看到是一头整牛了。到了现在，我再宰牛时，只用心神去运作，而不必用眼睛去观察，眼睛的官能似乎停了，而只是心神在运行。依照牛体自然的生理结构，劈开肌肉进入骨骼间大的间隙，把刀导向那些骨节间的空隙，完全顺着牛体的天然结构去解剖，从不碰撞经络结聚的部位和骨肉紧密连接的地方，更何况那些大骨头呢！优秀的厨师一年更换一把刀，因为他们是在用刀不断地割牛的各个部位；普通的厨师一个月就更换一把刀，因为他们是在用刀砍，包括大骨头。如今我使用的这把刀已经十九年了，所宰杀的牛有几千头了，而刀刃就像刚从磨刀石上磨过一样的锋利。牛的骨节乃至各个组合部位之间是有空隙的，而刀刃却薄的几乎没有什么厚度，用薄薄的刀刃插入有空隙的骨节和组合部位间，对于刀刃的运转和回旋来说，完全是宽绰而有余地的。所以我的刀使用了十九年，刀锋仍像刚从磨刀石上磨过的一样。虽然这样，每当遇上筋腱、骨节聚结交错的地方，我看到难于下刀，为此而格外谨慎，不敢大意，目光专注，动作迟缓，动刀十分轻微，关键处轻轻一点，牛体便哗啦一声全部分解开来，就像是一堆泥土堆放在地上。我于是提着刀站在那儿，环顾四周，悠然自得，神情愉悦，心满意足，仔细把刀擦拭干净，然后装进袋中收藏好。"

文惠君说："好啊，我听了庖丁的这番话，从中悟出了养生的道理。"

第3节

一 原文

公文轩见右师而惊曰①："是何人也？恶乎介也②？天与，其人与？"曰："天也，非人也。天之生是使独也③，人之貌有与也④。以是知其天也，非人也"。

泽雉⑤十步一啄，百步一饮，不蕲畜乎樊中⑥。神虽王⑦，不善也。

老聃死⑧，秦失吊之⑨，三号⑩而出。

弟子曰："非夫子之友邪？"

曰："然。"

"然则吊焉若此，可乎？"

曰："然。始也吾以为其人也⑪，而今非也。向⑫吾入而吊焉，有老者哭之，如哭其子；少者哭之，如哭其母。

彼其所以会之^⑬，必有不蕲言而言，不蕲哭而哭者。是遁天倍情^⑭，忘其所受^⑮，古者谓之遁天之刑^⑯。适来^⑰，夫子时也^⑱；适去，夫子顺也。安时而处顺，哀乐不能入也，古者谓是帝之县解^⑲。"

指穷于为薪^⑳，火传也，不知其尽也。

二 出场人物

公文轩　右师　老聃　秦失　弟子

三 注释

①公文轩：相传为宋国人，复姓公文，名轩。右师：官名，古人常有借某人之官名称谓其人的习惯。

②介：独，只有一只脚。一说"介"当作"兀"，失去一足的意思。

③是：此，指代形体上只有一只脚的情况。独：只有一只脚。

④与：旧注解释为"共"，所谓"有与"即两足共行。一说为赋予，意思是人的外形当是自然的赋与。

⑤雉（zhì）：雉鸟，俗称野鸡。

⑥蕲（qí）：祈求，希望。畜：养。樊：笼。

⑦王（wàng）：通"旺"，旺盛。

⑧老聃（dān）：相传即老子，楚人，姓李名耳。春秋时楚国人。曾任周守藏室的史官。

⑨秦失（yì）：亦写作"秦佚"，老聃的朋友。可能是庄子杜撰的人名。

⑩ 号：这里指大声地哭。

⑪ 其人：指与秦失对话的哭泣者。老聃和秦失都把生死看得很轻，在秦失的眼里，老聃的弟子也应都是能够超然物外的人，但如此伤心地长久哭泣，显然哀痛过甚，有失老聃的遗风。

⑫ 向：刚才。

⑬ 彼其：指哭泣者，即前四句中的"老者"和"少者"。所以：意为"……的原因"。会：聚，碰在一块儿。

⑭ 遁：逃避，违反。倍：通"背"，背弃的意思。一说为"加"，是增益的意思。

⑮ 忘其所受：大意是忘掉了受命于天的道理。庄子认为人体秉承于自然，方有生有死，如果好生恶死，这就忘掉了受命于天的道理。

⑯ 刑：过失。"遁天之刑"是说感伤过度，势必违反自然之道而招来过失。一说"刑"即刑辱之义。

⑰ 适：偶然。来：来到世上，与下一句的"去"（离开人世）相对立。这里的"来""去"实指人的生和死。

⑱ 夫子：指老聃。

⑲ 帝：天，万物的主宰。县（xuán）：同"悬"。"帝之县解"犹言"自然解脱"。在庄子看来，忧乐不能入，死生不能系，做到"安时而处顺"，就自然地解除了困缚，犹如解脱了倒悬之苦。

⑳ 指、薪，即脂薪，又称烛薪，用以取光照物。穷：尽。油脂燃尽柴薪，但火种却不会熄灭，传之于无穷。

四 译文

公文轩见到右师大吃一惊,说:"这是什么人呢?怎么只有一只脚呢?是天生只有一只脚,还是人为地失去一只脚呢?"他想了想自言自语道:"看来这是天意,而不是人为才这样的。天生这个人是一只脚的,因为人的形貌是上天赋予的,所以知道他的断足是天意,而不是人为的。"

沼泽边的野鸡走上十步才能啄到一口食物,走上百步才能喝到一口水,可是它并不祈求畜养在笼子里。生活在樊笼里虽然不必费力寻食,养得精力也十分旺盛,但是得不到自由。

老聃死了,他的朋友秦失去吊丧,仅仅哭了三声就出来了。

老聃的弟子问秦失说:"你不是我们老师的朋友吗?"

秦失说:"是的。"

弟子们又问:"那么吊唁朋友像这样,行吗?"

秦失说:"行。原来我以为你们跟随老师多年都是超然物外、修成正果的人了,现在看来并不是我想象的那样,其实也不过是凡夫俗子而已。刚才我进入灵堂去吊唁,有老年人在哭他,像做父母的哭自己的孩子一样;有年轻人在哭他,像做孩子的哭自己的父母一样。众人会聚在这里一起吊唁老聃,一定有人本不想说什么却情不由己地诉说了什么,本不想哭泣却情不由衷地痛哭起来。如此喜生恶死是违反常理、背弃真情的,他们都忘掉了人是秉承于自然、受命于天的道理,古时候人们称这种做法是逃避自然的法则。老聃应时而生,顺时而去,安于天理和常分,顺从自然和变化,明白这个道理，哀伤和欢乐便都不能进入心怀了，古时候人们把这种解脱称为天帝解人于倒悬。"

烛薪终会有燃尽的时候，而火种却传续下来，永远不会熄灭。

经典成语

1. 安时处顺

【出自】《庄子·养生主》："安时而处顺，哀乐不能入也。"

【释义】安于常分，顺其自然。

2. 踌躇满志

【出自】《庄子·养生主》："提刀而立，为之四顾，为之踌躇满志。"

【释义】怡然自得地感到心满意足。

3. 官止神行

【出自】《庄子·养生主》："方今之时，臣以神遇而不以目视，官知止而神欲行。"

【释义】指对某一事物有透彻的了解。

4. 恢恢有余

【出自】《庄子·养生主》："彼节者有间，而刀刃者无厚。以无厚入有间，恢恢乎其于游刃必有余地矣。"

【释义】本指庖丁技艺纯熟，宰牛时运刀于骨节之间而有余地。现多形容本领大、技艺高，处理问题毫不费力。

5. 庖丁解牛

【出自】《庄子·养生主》："庖丁为文惠君解牛，手之所触，肩之所倚，足之所履，膝之所踦，砉然向然，奏刀騞然，莫不中音。"

【释义】梁惠王时有位厨师善宰牛，且技艺极为熟练。比喻经过反复实践，掌握了事物的客观规律，做事得心应手，运用自如。

6. 批郤导窾

【出自】《庄子·养生主》："批大郤，导大窾。"

【释义】批：击。郤：空隙。窾：骨节空处。从骨头接合处批开，无骨处则就势分解。比喻善于从关键处入手，顺利解决问题。

7. 善刀而藏

【出自】《庄子·养生主》："提刀而立，为之四顾，为之踌躇满志，善刀而藏之。"

【释义】把刀擦拭干净收藏起来。比喻自敛才能而不外炫。

8. 新硎初试

【出自】《庄子·养生主》："是以十九年而刀刃若新发于硎。"

【释义】比喻首次尝试或初露锋芒。

9. 薪尽火传

【出自】《庄子·养生主》："指穷于为薪，火传也，不知其尽也。"

【释义】指柴薪烧尽了，而火种仍可留传。比喻师父传业于弟子，一代代地传下去。

10. 一饮一啄

【出自】《庄子·养生主》："泽雉十步一啄，百步一饮，不蕲畜乎樊中。神虽王，不善也。"

【释义】原指鸟类适情于林籁，随心饮食，逍遥自在。后也指人的饮食。

11. 游刃有余

【出自】语出《庄子·养生主》："彼节者有间，而刀刃者无厚。以无厚入有间，恢恢乎其于游刃必有余地矣。"

【释义】好的厨师宰牛时刀刃在骨节间的空隙运转，觉得空隙还很大。比喻做事熟练，轻而易举。

12. 遁天倍情

【出自】《庄子·养生主》："是遁天倍情，忘其所受，古者谓之遁天之刑。"成玄英疏："言逃遁天理，倍加俗情。"

【释义】指违背天然之性而加添流俗之情。一说，违背天性与真情。倍，通"背"。

13. 目牛无全

【出自】《庄子·养生主》："始臣之解牛之时，所见无非牛者。三年之后，未尝见全牛也。"

【释义】比喻技艺纯熟高超。

14. 养生之道

【出自】《庄子·养生主》："吾闻庖丁之言，得养生焉。"成玄英疏："遂悟养生之道也。"

【释义】指修养身心，以期保健延年的方法。

当代意义

两千多年前，庄子就告诉我们养生之道的精髓，即要遵循中正自然之路，顺应自然天性，安时处顺。他所论及的养生超越了一般养形的层次，揭示了养生的本质，即养生之主精神。

我们每天面对的学习、工作、生活，就如同《养生主》中的牛，有其自身运行规律，要游刃有余其间，就要避开锋芒，把握牛的全形以及其内部结构，抓住规律，不要去砍大骨头。人活着，是为了追求幸福的生活。欢乐的人生，是人生的最高目标。而欢乐和幸福的关键，就是心灵的自由。

不仅道家，儒家在养生方面也注重养心，其次才是养身。"仁"作为孔子思想的核心，"仁者不忧""大德必寿"，君子素其位而行，不愿乎其外。素富贵，行乎富贵；素贫贱，行乎贫贱；素夷狄，行乎夷狄；素患难，行乎患难。君子无入而不自得焉。君子没有什么情况不能安然自得的。拥有一颗难得的平常心，才是健康之源，长寿之本。

佛教养生也强调精神永生，追求一种超脱尘世的绝对安静的精神世界。注重"禅修养性"，主张在禅修过程中摒除杂念，停止一切妄想，调心静坐，通过禅修静坐达到一定的禅修境界，强调无所住而生其心。

可以看到，在养生方面，道家、儒家、佛家基本观点一致，始终把养神放在第一位。同时，也注意神形兼顾，这样才是圆满人生的必由之路。

党的十八大以来，围绕传承和弘扬中华优秀传统文化，习近平总书记发表了一系列重要论述，多次引用老庄及诸子百家观点，用于治国理政之中，为我们做出了榜样，充分说明了庄子的思想是具有现实意义的。习近平还指出，健康是幸福生活最重要的指标，健康是1，其他是后面的0，没有1，再多的0也没有意义。新中国成立以来，我国健康事业不断发展，人均预期寿命已与一些发达国家不相上下，但发展还很不平衡。"十四五"期间，国家仍坚持人民至上的发展理念，保护人民生命安全和身体健康。

身心健康是前提条件，实现健康的愿望，既要重视身体锻炼，又要不断提升自身的人生境界，身体医疗与心理医疗并举，在这里，弘扬中华优秀传统文化对树立正确的人生观、价值观、世界观，最终实现人自身的全面发展、实现健康中国的战略，具有十分重要的意义。

人间世

导 读

　　庄子在本篇中论述了处世之道，反映了他的哲学观点。一个人，无论是入世，还是出世，总是不能离开"人间世"。庄子以故事的形式、多样的结构与语言方式，论述了处世之道与处世哲学、人生哲理，以及为人处世的道理；阐述了韬光养晦、自然逍遥、安身立命的处世辩证法。庄子独特的处世观点对我们如何与自己相处、与他人相处以及创新思维方式都颇有启发，也是治国理政的大智慧，具有丰富的现代价值和当代意义。

　　根据文意，全文可以分为六节。

　　第一节：从"颜回见仲尼"至"而况散焉者乎"（第1节）。颜回准备前去劝说卫国暴君革除政治弊病，辞别时他的老师孔子却说他是"以火救火，以水救水"，向暴君推行仁义，只会让他变得更加残暴。庄子借孔子之口，指出"名"和"知（智）"都是害人的凶器，好名争胜皆因"德""知（智）"外露，导致相互倾轧。即使你本身并不为争名，但由于你仁义规范的言论与残暴之人已构成对立，强推必遭失败。庄子认为若要感化残暴之人，仅靠个人德行的

"小道"不行，要靠虚静空明的"大道"。

第二节：从"叶公子高将使于齐"至"此其难者"（第2节）。叶公子高因出使齐国而倍感焦虑，就向孔子请教解脱之法，孔子便给了他"行事之情而忘其身"的建议。"行事之情"就是顺乎自然，就是"安之若命"；"忘其身"就是游心养中，就是要通过"心斋"来实现"至人无己"。庄子假借孔子之口，指出人只有从"我"的束缚中挣脱出来，"吾丧我"，忘记自我的利害得失，才能无暇顾及"乐生恶死"之事，得到真正的解脱。"不得已者，理之必然也"（郭庆藩注），道理上本来就是这样！庄子认为，作为儿女孝敬自己的父母，作为臣子侍奉自己的君王，这些都是天经地义、自然而然的事情。人只有摆脱了外物的束缚，才能真正自由逍遥；而即使摆脱不了外物的束缚，也要顺其自然地去做，不以自我为中心，不以自己为考虑，安安心心地做好该做的事。

第三节：从"颜阖将傅卫灵公太子"至"可不慎邪"（第3节）。颜阖将要做卫灵公太子老师时遇到了难题，向蘧伯玉请教解决办法，蘧伯玉便给颜阖支招，要他"正女身"，端正自己的行为；"形莫若就"，表面上表现为顺从；"心莫若和"，内心里存调和之意。庄子还假借蘧伯玉之口，打了三个比喻，通过"螳臂当车"的比喻说明夸耀才能的危害性，通过"养虎人和虎"与"爱马人和马"做对比，强调"顺其性"的好处和"逆其性"的害处。与暴人相伴，必须做到既和他的言行保持一致，又和他的心性保持距离，然后在潜移默化中引导他的行为。

第四节：从"匠石之齐"至"不亦远乎"（第 4 节）。此部分通过匠石与弟子的对话，讲述了一个"栎树托梦"的故事，庄子假借这个故事来论述"无用之用"的观点。匠石站在木匠实用的角度看，庞大无比的栎树却是"无用"的；而栎树站在自己的角度看，匠石所说的"无用"恰是自身保全生命的"有用"。常人多从社会价值角度出发判断事物的有用与无用，而庄子则站在事物本身的立场上看问题：有用导致祸患，无用保全自身。

第五节：从"南伯子綦游乎商之丘"至"又况支离其德者乎"（第 5 节）。庄子假借南伯子綦的观察与思考，以"商丘之大木"与"荆氏之楸柏桑"做对比，并通过"支离疏肢体残缺不全却能终其天年"的比喻，来说明"无用之用"的道理。荆氏之地的楸树、柏树、桑树，因存在被利用价值而中途夭折，如树木一样，常人也难免因自己的才能所累；而拥有大智慧的人则如不材之木，正像支离疏一般肢体残缺的得道之人，因能够超乎物外而免于外物伤害。

第六节：从"孔子适楚"至"而莫知无用之用也"（第 6 节）。因为有用，山木招致砍伐，油脂自受煎熬，桂树遭砍伐，漆树遭刀割，庄子以此来比喻欲求为社会所用之人的结局。庄子认为身处乱世最重要的是保全性命，即使身为圣人也只能如此。所以，身处乱世越是有才华，越是要学会韬光养晦。庄子反复强调"无用之用"，意在提醒人们：生命是最为宝贵的，不要为了追逐外物而损害性命。

第1节

一 原文

颜回见仲尼①，请行。

曰："奚之②？"

曰："将之卫。"

曰："奚为③焉？"

曰："回闻卫君，其年壮，其行独。轻用其国，而不见其过；轻用民死，死者以国量④乎泽，若蕉，民其无如⑤矣！回尝闻之夫子曰：'治国去之，乱国就之。医门多疾。'愿以所闻思其则，庶几⑥其国有瘳⑦乎！"

仲尼曰："嘻，若⑧殆⑨往而刑耳！夫道不欲杂，杂则多，多则扰，扰则忧，忧而不救。古之至人，先存诸己，而后存诸人。所存于己者未定，何暇⑩至于暴人之所行！且若亦知夫德之所荡⑪，而知之所为出乎哉⑫？德荡乎名，知出乎争。名也者，相轧也；知也者，争之器也。二者凶器，非所以尽行也。

"且德厚信矼⑬，未达人气；名闻不争，未达人心。而强以仁义绳墨之言，术暴人之前者，是以人恶有其美也，命之曰菑⑭人。菑人者，人必反菑之。若殆为人菑夫。

"且苟为悦贤而恶不肖，恶用而⑮求有以异？若唯无诏⑯，王公必将乘人而斗其捷。而目将荧⑰之，而色将平之，口将营之，容将形⑱之，心且成之。是以火救火，以水救水，名之曰益多。顺始无穷⑲，若殆以不信厚言，必死于暴人之前矣！

"且昔者桀杀关龙逢，纣杀王子比干，是皆修其身以下伛拊^⑳人之民，以下拂其上者也，故其君因其修以挤之。是好名者也。

"昔者尧攻丛、枝、胥敖，禹攻有扈。国为虚厉，身为刑戮。其用兵不止，其求实无已，是皆求名实者也，而独不闻之乎？名实者，圣人之所不能胜也，而况若乎！虽然^㉑，若必有以也，尝以语我来^㉒。"

颜回曰："端而虚，勉而一，则可乎？"

曰："恶^㉓！恶可！夫以阳为充孔扬，采色不定，常人之所不违，因案人之所感，以求容与其心，名之曰日渐之德不成，而况大德乎！将执而不化，外合而内不訾^㉔，其庸讵可乎！"

"然则我内直而外曲，成而上比^㉕。内直者，与天为徒^㉖。与天为徒者，知天子之与己，皆天之所子，而独以己言蕲乎而人善之，蕲乎而人不善之邪？若然者，人谓之童子，是之谓与天为徒。外曲者，与人之为徒也。擎跽曲拳^㉗，人臣之礼也。人皆为之，吾敢不为邪？为人之所为者，人亦无疵焉，是之谓与人为徒。成而上比者，与古为徒。其言虽教，谪之实也，古之有也，非吾有也。若然者，虽直而不病，是之谓与古为徒。若是则可乎？"

仲尼曰："恶！恶可！大多政法而不谍^㉘。虽固，亦无罪。虽然，止是耳矣，夫胡可以及化！犹师心者也^㉙。"

颜回曰："吾无以进矣，敢问其方。"

仲尼曰："斋，吾将语若。有心而为之，其易邪？易之者，暤天^㉚不宜。"

颜回曰:"回之家贫,唯不饮酒不茹荤^㉛者数月矣。如此,则可以为斋乎?"

曰:"是祭祀之斋,非心斋也。"

回曰:"敢问心斋。"

仲尼曰:"若一志,无听之以耳,而听之以心;无听之以心,而听之以气。听止于耳,心止于符。气也者,虚而待物者也。唯道集虚。虚者,心斋也。"

颜回曰:"回之未始得使,实自回也;得使之也,未始有回也,可谓虚乎?"

夫子曰:"尽矣!吾语若:若能入游其樊而无感其名,入则鸣^㉜,不入则止。无门无毒^㉝,一宅而寓于不得已,则几矣。绝迹易,无行地难。为人使易以伪,为天使难以伪。闻以有翼飞者矣,未闻以无翼飞者也;闻以有知知者矣,未闻以无知知者也。瞻彼阕者,虚室生白,吉祥止止^㉞。夫且不止,是之谓坐驰。夫徇^㉟耳目内通,而外于心知,鬼神将来舍,而况人乎!是万物之化也,禹、舜之所纽也,伏戏、几蘧^㊱之所行终,而况散焉者乎!"

二 出场人物

颜回 孔子 桀 关龙逢 纣 比干 尧 禹 舜 伏戏 几蘧

三 注释

①颜回:(前521—前481年),曹姓,颜氏,名回,字子渊。鲁国人,春秋时期思想家,孔门七十二贤之首,后世

尊称"复圣""颜子"。

仲尼：（前 551—前 479 年），子姓，孔氏，名丘，字仲尼。春秋时期伟大的思想家、教育家、政治家，儒家学派的创始人。其言论被其弟子及再传弟子整理为儒家经典《论语》。

②奚之：到哪里去。奚：何。之：往。

③奚为：干什么。为，做。

④量：填满。

⑤民其无如：老百姓无处逃命。如，往。

⑥庶几：差不多。

⑦瘳：病愈。

⑧若：你。

⑨殆：恐怕。

⑩暇：空闲的时间。

⑪荡：流荡，丧失。

⑫知：通"智"。出：显露。

⑬德厚：道德纯厚。信矼（qiāng）：诚信忠实。

⑭菑（zāi）：通"灾"，害。

⑮而：你。

⑯诏：进言。

⑰荧：眩惑。

⑱形：显现。

⑲顺始无穷：开始顺从他，则以后都将顺从他。

⑳伛（yǔ）拊：曲身抚爱。

㉑虽然：即使这样。

㉒尝以语我来：试着把（那些话）告诉我吧。尝：试着。语：告诉。来：语气词。

㉓恶：语气词，唉。

㉔貣：资取。

㉕成而上比：征引成言上比古代贤人。

㉖与天为徒：与自然为同类。

㉗擎跽曲拳：古代的礼节。擎（qíng）：举，指执笏。跽（jì）：长跪。曲拳：躬身曲体，指鞠躬。

㉘谍：稳当。

㉙师心：成心。

㉚皞（hào）天：指自然之道。

㉛不茹荤：不食肉食。

㉜入则鸣：能够接受就说。

㉝无门无毒：不开门，不堵塞，意思是顺其自然。门：开门。毒：通"堵"，堵塞。

㉞吉祥止止：意思是吉祥集于虚静之心。

㉟徇：通"殉"，丧。

㊱伏戏：即伏羲氏，风姓。华夏民族人文始祖，"三皇"之一。几蘧：传说中的远古帝王。

四 译文

颜回拜见孔子，向他辞行。

孔子说："到哪里去？"

颜回说："打算到卫国去。"

孔子说："去干什么呢？"

颜回说:"我听说卫国的国君,年轻气盛,办事独断专横;轻率地处理国事,却看不到自己的过错;轻率地役使百姓,导致人民大量死亡,死人遍及全国不可称数,就像大泽中的草芥一样,百姓都失去了可以归往的地方。我曾听先生说:'治理得好的国家可以离开它,治理得不好的国家就应去那里救助,就好像医生门前病人多一样。'我愿意根据先生的教诲,去思考治理卫国的办法,卫国或许还可以治好吧!"

孔子说:"哎呀!你去到卫国恐怕就会遭到刑戮啊!推行大道不宜掺杂,杂乱就会事绪繁多,事绪繁多就会心生扰乱,心生扰乱就会产生忧患,忧患多了也就自身难保。古时候的得道之人,总是先以道德修养自身,然后再去教诲他人。自己的道德尚未修养好,哪里还有什么工夫到暴君那里去推行大道!你懂得道德毁败和智慧表露的原因吗?道德的毁败在于追求名声,智慧的表露在于争辩是非。名声是互相倾轧的原因,智慧是互相争斗的工具。二者都是凶器,不可以将它推行于世。

"再说一个人虽然德行纯厚、诚实笃守,可未必能和对方声气相通,一个人虽然不争名声,可未必能得到广泛的理解。而勉强把仁义和规范之类的言辞述说于暴君面前,这就好比用别人的丑行来显示自己的美德,别人终究会说你是在害人。害人的人一定会被别人所害,你这样做恐怕会遭到别人的伤害!

"况且,假如说卫君喜好贤能而讨厌恶人,那么,哪里还用得着等待你去才有所改变?你果真去卫国也只能是不向卫君进言，否则卫君一定会紧紧抓住你偶然说漏嘴的机会向你展开争辩。你必将眼花缭乱，而面色将佯作平和，说话自顾不暇，容颜被迫俯就，内心也就姑且认同卫君的所作所为了。这样做就像是用火救火，用水救水，可以称为错上加错。开始依顺他，以后将永远顺从他，假如你未能取信便进言，那么一定会死在这位暴君面前！"

"从前，夏桀杀害了关龙逢，商纣王杀害了比干，这些贤臣他们都十分注重自身的道德修养而以臣下的地位爱抚人君的百姓，同时也以臣下的地位违逆了他们的国君，所以他们的国君就因为他们道德修养高尚而排斥他们。这就是喜好名声的结果。

"当年帝尧征伐丛、枝和胥敖，夏禹攻打有扈，三国的土地变成废墟，人民全都死尽，而国君自身也遭受杀戮，原因就是三国不停地使用武力，贪求别国的土地和人口。这些都是求名求利的结果，你偏偏就没有听说过吗？对于名声和实利，就是圣人也不可能超越，何况是你呢！虽然这样，你必定有所依凭，你就试着说给我听吧。"

颜回说："我端庄而谦虚，勤奋努力，始终如一，这样可以吗？"

孔子说："唉，这怎么可以呢！卫君刚猛暴烈盛气露于言表，而且喜怒无常，人们都不敢有丝毫违背他的地方，他也借此压抑人们的真实感受和不同观点，以此来放纵他的欲望。这真可以说是每日用道德来感化都不会有成效，更何况用大德来劝导呢？他必将固守己见而不改变，表面赞同而内心里也不会对自己的言行做出反省，你的劝谏怎么能行得通呢？"

颜回说："如此，那我就内心秉正诚直而外表俯首曲就，内心自有主见并处处跟古代贤人做比较。内心秉正诚直，这就是与自然同类。跟自然同类，可知国君与自己都是上天养育的。又何必把自己的言论宣之于外而希望得到人们的赞同，还是希望人们不予赞同呢？像这样做，人们就会称为未失童心，这就叫跟自然同类。外表俯首曲就的人，是跟世人为同类。手拿朝笏躬身下拜，这是做臣子的礼节，别人都这样去做，我敢不这样做吗？做一般人臣都做的事，人们也就不会责难我了，这就叫跟世人同类。心有成见而上比古代贤人，是跟古人同类。他们的言论虽然很有教益，指责世事才是真情实意。这样做自古就有，并不是从我才开始的。像这样做，虽然正直不阿却也不会受到伤害，这就叫跟古人同类。这样做可以吗？"

孔子说："唉！怎么可以呢！太多的事情需要纠正，就是有所效法也会出现不当，虽然固陋而不通达也没有什么罪责。即使这样，也不过如此而已，又怎么能感化他呢！此三术皆为师心之用。"

颜回说："我没有更好的办法了，冒昧地向先生求教方术。"

孔子说："你斋戒清心，我再告诉你！如果怀着积极用世之心去做，难道是容易的吗？如果这样做也很容易的话，苍天也会认为是不适宜的。"

颜回说："我颜回家境贫穷，不饮酒浆、不吃荤食已经好几个月了，像这样，可以说是斋戒了吧？"

孔子说："这是祭祀前的所谓斋戒，并不是'心斋'。"

颜回说："请教什么是'心斋'。"

孔子说："你必须摒除杂念，专一心思，不用耳去听而用心去感悟，不仅用心去感悟，还要用气息去感悟！耳的功用仅在于聆听，心的功用仅在于跟外界事物交合。气虚无物，故能虚而待物。虚为道体，故谓道能集虚，虚无空明的心境就叫作'心斋'。"

颜回说："我不曾受过'心斋'的教诲，所以确实存在一个真实的颜回；受了'心斋'的教诲，我顿时感到不曾有过真实的颜回。这可以叫作虚无空明的境界吗？"

孔子说："你对'心斋'的理解实在透彻，我可以告诉你：假如能够进入到追名逐利的环境中遨游而又不为名利地位所动，卫君能接纳，你就说；不能接纳，你就停止不说。既不开口求荣，也不缄默不言，心思凝聚全无杂念，把自己寄托于无可奈何的境域，那么就差不多合于'心斋'的要求了。一个人不走路容易，走了路不在地上留下痕迹就很难。受世人的驱遣容易伪装，受自然的驱遣便很难做假。听说过凭借翅膀才能飞翔，不曾听说过没有翅膀也能飞翔；听说过有智慧才能了解事物，不曾听说过没有智慧也可以了解事物。看一看那空旷的寰宇，空明的心境顿时独存精白，而什么也都不复存在，一切吉祥之事都消逝于宁静的境界。至此还不能凝止，这就叫形坐神驰。倘若让耳目的感观向内通达而又排除心智于外，那么鬼神将会前来归附，何况是人呢！这就是万物的变化，是禹和舜所把握的要领，也是伏羲、几蘧所遵循始终的道理，何况普通的人呢！"

五 当代意义

本节内容给我们的启示很多，如用错误的方法去解决问题，只能让矛盾变得更加复杂，问题更难得到解决。如房子里面塞满了东西，阳光当然照不进来，满屋子黑暗。当我们把东西搬出去，把房子腾空，阳光照进来了，自然一片明朗。生活中，成败得失，功名利禄，这些东西塞满我们的心，整天被外物所裹挟、所束缚，哪还有一点自由和快乐可言呢？

第2节

一 原文

叶公子高将使于齐，问于仲尼曰："王使诸梁也甚重，齐之待使者，盖将甚敬而不急。匹夫犹未可动，而况诸侯乎！吾甚栗①之。子常语诸梁也，曰：'凡事若小若大，寡不道以欢成。事若不成，则必有人道之患；事若成，则必有阴阳之患。若成若不成而后无患者，唯有德者能之。'吾食也执粗而不臧②，爨③无欲清之人。今吾朝受命而夕饮冰，我其内热与！吾未至乎事之情④，而既有阴阳之患矣！事若不成，必有人道之患。是两也，为人臣者不足以任之，子其有以语我来！"

仲尼曰："天下有大戒二：其一命也，其一义也。子之爱亲，命也，不可解于心；臣之事君，义也，无适而非君也，无所逃于天地之间。是之谓大戒。是以夫事其亲者，不择地而安之，孝之至也；夫事其君者，不择事而安之，忠之盛也；自事其心者，哀乐不易施乎前，知其不可奈何而安之若命，德之至也。为人臣子者，固有所不得已。行事之情而忘其身，何暇至于悦生而恶死！夫子其行可矣！

"丘请复以所闻：凡交，近则必相靡以信，远则必忠之以言。言必或传之。夫传两喜两怒之言，天下之难者也。夫两喜必多溢⑤美之言，两怒必多溢恶之言。凡溢之类妄，妄则其信之也莫⑥，莫则传言者殃。故法言曰：'传其常情，无传其溢言，则几乎全。'

"且以巧斗力者，始乎阳，常卒乎阴，大至则多奇巧⑦；以礼饮酒者，始乎治⑧，常卒乎乱，大至则多奇乐。凡事亦然，始乎谅⑨，常卒乎鄙；其作始也简，其将毕也必巨。夫言者，风波也；行者⑩，实丧⑪也。风波易以动，实丧易以危。故忿设无由，巧言偏辞。兽死不择音，气息茀然⑫，于是并生心厉。克核大至，则必有不肖之心应之，而不知其然也。苟为不知其然也，孰知其所终！故法言曰：'无迁令，无劝成。过度益也。'迁令劝成殆事。美成在久，恶成不及改，可不慎与！

"且夫乘⑬物以游心，托不得已以养中⑭，至矣。何作为报也！莫若为致命⑮，此其难者。"

二　出场人物

叶公子高　楚庄王玄孙　孔子

三 注释

① 栗：恐惧。

② 臧：善。

③ 爨（cuàn）：烧火做饭。

④ 情：实。

⑤ 溢：过分。

⑥ 莫：通"漠"，淡薄。

⑦ 大至则多奇巧：太过分时就使用诡计伤人。大：一作"泰"，或作"太"。奇巧：诡计。

⑧ 治：符合规距。

⑨ 谅：诚信。

⑩ 行者：传达的言语。

⑪ 实丧：得与失。

⑫ 茀（bó）然：急促。茀：通"勃"。

⑬ 乘：顺。

⑭ 养中：修养中和之性。

⑮ 致命：传达君命。

四 译文

叶公子高将要出使齐国，他向孔子请教："楚王派我诸梁出使齐国，责任重大。齐国接待外来使节，总是表面恭敬而内心怠慢。平常老百姓尚且不易说服，何况是诸侯呢！我心里十分害怕。您常对我说：'事情无论大小，很少有不遵循天道可以获得圆满结果的。事情如果办不成功，那么必定会受到国君惩罚；事情如果办成功了，那又一定会忧喜交集酿出病害。事情办成功或者办不成功都不会留下祸患，只有道德高尚的人才能做到。'我每天吃的都是粗糙不精美的食物，烹饪食物的人也就无须解凉散热。我今天早上接受国君诏命到了晚上就得饮用冰水，恐怕是因为我内心焦躁担忧吧！我还不曾接触到事情，就已经有了忧喜交加所导致的病患；事情假如真办不成，那一定还会受到国君惩罚。成与不成这两种结果，做臣子的我都不足以承担，先生您大概有什么方法可以教导我吧！"

孔子说："天下有两个足以为戒的大法：一是天命，一是道义。儿女敬爱双亲，这是自然的天性，是无法从内心解释的；臣子侍奉国君，这是人为的道义，天地之间无论到什么地方都不会没有国君的统治，这是无法逃避的现实。这就叫作足以为戒的大法。所以侍奉双亲的人，无论什么样的境遇都要使父母安适，这是孝心的最高表现；侍奉国君的人，无论办什么样的事都要让国君放心，这是尽忠的极点。注重自我修养的人，悲哀和欢乐都不容易使他受到影响，知道世事艰难，无可奈何却又能安于处境、顺应自然，这就是道德修养的最高境界。做臣子的原本就会有不得已的事情，遇事只要按实情去办，忘掉自身，哪里还顾得上眷恋人生、厌恶死亡呢！你这样去做就可以了！

"不过我还是把我所听到的道理再告诉你：凡是与邻近国家交往一定要用诚信使相互之间和顺亲近，而与远方国家交往则必定要用语言来表示相互之间的忠诚。国家间交往的语言总得有人相互传递。传递两国国君喜怒的言辞，乃是天下最困难的事。两国国君喜悦的言辞必定添加了许多过分的夸赞，两国国君愤怒的言辞必定添加了许多过分的憎恶。大凡过度的话语都类似于虚构，虚构的言辞其真实程度也就值得怀疑，国君产生怀疑传达信息的使者就要遭殃。所以古代格言说：'传达真实的言辞，不要传达过分的话语，那就差不多可以保全自己了。'

"况且以智巧相互较量的人，开始时平和开朗，后来就常常暗使计谋，达到极点时则大耍阴谋、用诡计伤人。按照礼节饮酒的人，开始时规规矩矩合乎人情，到后来常常就一片混乱大失礼仪，达到极点时则荒诞淫乐、放纵无度。无论什么事情恐怕都是这样，开始时相互信任，到头来互相欺诈；开始时单纯细微，临近结束时便变得纷繁巨大。言语犹如风吹的水波，传达言语定会有得有失。风吹波浪容易动荡，有了得失容易出现危难。所以愤怒的发作，是由巧言偏辞造成的。猛兽临死时什么声音都叫得出来，气息急促，喘息不定，于是迸发伤人害命的恶念。大凡过分苛责，总会产生不好的念头来应付，而他自己也不知道这是怎么回事。假如做了些什么而他自己却又不知道那是怎么回事，谁还能知道他会有怎样的结果！所以古代格言说：'不要随意改变已经下达的指令，不要勉强他人去做力不从心的事，说话过头一定是多余添加的。'改变成命或者强人所难都是危险的，成就一桩好事要经历很长的时间，坏事一旦做出悔改是来不及的。行为处世能不审慎吗！至于顺应自然而使心志自在遨游，一切都寄托于无可奈何以养蓄神智，这就是理想的境界了。何必为报答君命而故意做作！不如原原本本地传达君命，这样做有什么困难呢！"

五　当代意义

庄子主张在德性修养的基础上追求精神的逍遥，但同时也主张在不违背"道"的前提下积极作为，这便是他"不得已"的智慧。庄子的"不得已"，遵道求真，顺物自然，向外不伤害万物，向内不伤害自己，与天地万物和谐相处。

第3节

一　原文

颜阖①将傅卫灵公太子，而问于蘧伯玉②曰："有人于此，其德天杀③。与之为无方，则危吾国，与之为有方，则危吾身。其知适足以知人之过，而不知其所以过。若然者，吾奈之何？"

蘧伯玉曰："善哉问乎！戒之，慎之，正女④身也哉！形莫若就⑤，心莫若和⑥。虽然，之二者有患。就不欲入，和不欲出。形就而入，且为颠为灭，为崩为蹶；心和而出，且为声为名，为妖为孽。彼且为婴儿，亦与之为婴儿；彼且为无町畦⑦，亦与之为无町畦；彼且为无崖⑧，亦与之为无崖；达之，入于无疵。

"汝不知夫螳螂乎？怒其臂以当⑨车辙，不知其不胜任也，是其才之美者也。戒之，慎之，积伐而⑩美者以犯之，几⑪矣！

"汝不知夫养虎者乎？不敢以生物与之，为其杀之之怒也；不敢以全物与之，为其决之之怒也。时其饥饱，达其怒心。虎之与人异类，而媚养己者，顺也；故其杀者，逆也。

"夫爱马者，以筐盛矢 ⑫，以蜃盛溺 ⑬。适有蚊虻仆缘，而拊之不时，则缺衔、毁首、碎胸。意有所至，而爱有所亡，可不慎邪！"

二　出场人物

颜阖　蘧伯玉

三　注释

① 颜阖：姓颜，名阖。传为鲁国贤人。

② 蘧（qú）伯玉：（约前 585—前 484），姬姓，蘧氏，名瑗，字伯玉。春秋时期卫国大臣。

③ 其德天杀：德行天生凶残。

④ 女：通"汝"，你。

⑤ 就：顺从。

⑥ 和：调和。

⑦ 町畦（tǐng qí）：田地的边界，这里泛指界限。

⑧ 无崖：放荡没有拘束。

⑨ 当：通"挡"，阻挡。

⑩ 而：通"尔"，你。

⑪ 几：几近危险。

⑫ 矢：通"屎"，粪便。

⑬ 蜃（shèn）：大蛤，这里指蛤壳。溺：尿。

四 译文

颜阖将被请去做卫国太子的师傅，向卫国贤大夫蘧伯玉求教："如今有这样一个人，他的德行生就凶残嗜杀。跟他朝夕与共如果不符合法度与规范，势必危害自己的国家；如果合乎法度和规范，那又会危害自身。他的智慧足以了解别人的过失，却不了解别人为什么会出现过错。像这样的情况，我将怎么办呢？"

蘧伯玉说："问得好啊！要警惕，要谨慎，首先要端正你自己！表面上不如顺从依就以示亲近，内心里不如顺其秉性想着调和他。即使这样，这两种态度仍有隐患。亲附他不要关系过密，调和他不要心意太露。外表亲附到关系过密，会招致颠仆毁灭，招致崩溃失败。内心顺性调和显得太露，将被认为是为了名声，也会招致祸害。他如果像个天真的孩子一样，你也表现得跟他一样像天真无知；他如果没有准绳法度，那你也表现得跟他一样没有准绳法度；他如果跟你无拘无束，那你也表现得跟他一样无拘无束。慢慢地将他的思想引入正轨，便可以进一步达到没有过错的地步。

"你不了解那螳螂吗？奋起它的臂膀去阻挡滚动的车轮，却不明白自己的力量全然不能胜任，还自以为才高智盛很有力量。警惕呀，谨慎呀！经常夸耀自己的才智而触犯了他，就非常危险了！

"你不了解那养虎的人吗？他从不敢用活物去喂养老虎，因为他担心扑杀活物会激起老虎的怒气；他也从不敢用完整的动物去喂养老虎，因为他担心撕裂动物也会引发老虎的怒气。知道老虎饥饱的时刻，通晓老虎暴戾凶残的秉性。老虎与人不同类却向饲养人摇尾乞怜，原因就是养老虎的人能顺应老虎的性子，而那些遭到虐杀的人，是因为触犯了老虎的性情。

"爱马的人，以精细的竹筐装马粪，用珍贵的蛤壳接马尿。刚巧一只牛虻叮在马身上，爱马之人出于爱惜随手拍击，没想到马儿受惊便咬断勒口、挣断辔头、弄坏胸络。意在爱马却失其所爱，能够不谨慎吗！"

五　当代意义

现实生活中，由于种种原因，人们会遇到不顺心、不如意的事情，但很多事情并不以人的意志为转移，所改变。所以有"不能改变过去，就改变现在；不能改变现实，就要改变态度；不能改变他人，就改变自己"的劝谏。

第4节

一　原文

匠石①之齐，至于曲辕，见栎社树。其大蔽数千牛，絜之百围，其高临山十仞而后有枝，其可以为舟者旁②十数。观者如市，匠伯不顾，遂行不辍。弟子厌观之③，走④及匠石，曰："自吾执斧斤⑤以随夫子，未尝见材如此其美也。先生不肯视，行不辍，何邪？"

曰："已矣⑥，勿言之矣！散木⑦也。以为舟则沉，以为棺椁则速腐，以为器则速毁，以为门户则液樠⑧，以为柱则蠹⑨，是不材之木也。无所可用，故能若是之寿。"

匠石归，栎社见梦⑩曰："女将恶乎比予哉？若将比予于文木⑪邪？夫柤梨橘柚，果蓏之属，实熟则剥⑫，剥则辱⑬。大枝折，小枝泄。此以其能苦其生者也。故不终其天年而中道夭，自掊击于世俗者也。物莫不若是。且予求无所可用久矣！几死，乃今得之，为予大用。使予也而有用，且得有此大也邪？且也，若与予也皆物也，奈何哉其相物也？而几死之散人⑭，又恶知散木！"

匠石觉而诊其梦。弟子曰："趣取无用，则为社何邪？"

曰："密⑮！若无言！彼亦直寄焉！以为不知己者诟厉也。不为社者，且几有翦乎！且也，彼其所保与众异，而以义喻之，不亦远乎！"

二　出场人物

匠石　弟子　栎社树

三　注释

①匠石：名字叫作"石"的木匠。

②旁：旁枝。

③弟子：匠石的徒弟。厌观：饱览。

④走：跑。

⑤斧斤：斧子。

⑥已矣：罢了。已：停止。

⑦散木：质地松散的无用之木。

⑧液樠（mán）：脂液外渗。

⑨蠹（dù）：蛀蚀。

⑩栎（lì）社树：意象性人物，被视为神社的栎树。见梦：托梦。

⑪文木：纹路细密的有用之木。与散木相对。

⑫柤（zhā）：山楂。果蓏（luǒ）之属：果瓜之类。剥：击落。

⑬辱：这里指扭折。

⑭散人：无用之人。

⑮密：缄默，闭嘴。

四　译文

匠人石去齐国，来到曲辕这个地方，看见一棵被世人当作神社的栎树。这棵栎树树冠大到可以遮蔽数千头牛，用绳子绕着量一量树干，足有百余围粗，树梢高过山巅，离地面八十尺处方才分枝，可以造船的旁枝就有十几枝。观赏的人群像赶集似地涌来，而这位匠人连瞧也不瞧一眼，不停步地往前走。他的徒弟站在树旁看了个够，跑着赶上了匠人石，说："自我拿起刀斧跟随先生，从不曾见过这样壮美的树木。可是先生却不肯看一眼，不住脚地往前走，为什么呢？"

匠人石回答说："算了，不要再说它了！这是一棵什么用处也没有的树，用它做成船定会沉没，用它做成棺椁定会很快朽烂，用它做成器皿定会很快毁坏，用它做成房屋的门定会流脂液外渗而裂开，用它做成梁柱定会被虫蛀而不结实，这是不能取材的树。没有什么用处，所以才能如此长寿。"

匠人石回到家里，梦见社树对他说："你把我跟什么树木对比呢？那楂、梨、橘、柚都属于果树，果实成熟就会被打落在地，果子被打落以后枝干也就会遭受摧残，大的枝干被折断，小的枝丫被拽下来。这就是因为它们能结出鲜美果实才苦了自己的一生，所以常常不能终享天年而半途夭折，自身招来了世俗人的打击。各种事物莫不如此。而且我寻求没有什么用处的办法已经很久很久了，几乎被砍死，这才保全住性命，无用也就成就了我最大的用处。假如我果真是有用，还能够获得延年益寿这一最大的用处吗？况且你和我都是'物'，你这样看待事物怎么可以呢？你不过是几近死亡的没有用处的人，又怎么会真正懂得没有用处的树木呢！"

匠人石醒来后把梦中的情况告诉给他的弟子。弟子说："栎树既然旨意在于求取无用，那么又做什么社树让世人瞻仰呢？"

匠人石说："闭嘴！别说了！它只不过是在寄托罢了！反而招致不了解自己的人的辱骂和伤害。如果它不做社树的话，它还不遭到砍伐吗？况且它用来保全自己的办法与众不同，而用常理来了解它，可不就相去太远了吗！"

五　当代意义

现实生活中，人们常常会犯这样的错误。自认为给予对方的东西很好，对方一定欣然接受；自认为自己对待对方出于好意，对方一定心领神会。然而，实际上并不完全是这样。如果我们不考虑对方的脾气禀性、兴趣爱好、接受程度等因素，不考虑给予对方的方式方法，不像"养虎人"那样顺其性而为，而如"爱马人"一般逆其性而为，结果必然适得其反。这对执政者施政、执教者施教以及人际交往等，都具有十分重要的启示作用。

第 5 节

一 原文

南伯子綦游乎商之丘，见大木焉，有异，结驷千乘，将隐芘其所藾①。子綦曰：此何木也哉！此必有异材夫！"仰而视其细枝，则拳曲②而不可以为栋梁；俯而视其大根，则轴解而不可以为棺椁；咶③其叶，则口烂而为伤；嗅之，则使人狂酲④，三日而不已。

子綦曰："此果不材之木也，以至于此其大也。嗟乎神人，以此不材！"

宋有荆氏⑤者，宜楸柏桑。其拱把而上者，求狙猴之杙⑥者斩之；三围四围，求高名之丽⑦者斩之；七围八围，贵人富商之家求樿傍⑧者斩之。故未终其天年而中道之夭于斧斤，此材之患也。故解之以牛之白颡者⑨，与豚⑩之亢鼻者，与人有痔病者，不可以适河。此皆巫祝以知之矣，所以为不祥也。此乃神人之所以为大祥也。

支离疏⑪者，颐隐于脐，肩高于顶，会撮指天，五管在上，两髀为胁。挫针治繲⑫，足以糊口；鼓荚播精，足以食^⑬十人。上征武士，则支离攘臂而游于其间；上有大役，则支离以^⑭有常疾不受功^⑮；上与病者粟，则受三钟与十束薪。夫支离其形者，犹足以养其身，终其天年，又况支离其德者乎！

二 出场人物

南伯子綦　支离疏

三 注释

①将隐：通行本作"隐将"，误倒。芘（bì）：通"庇"，遮蔽。藾（lài）：荫。

②拳曲：卷曲。

③咶（shì）：舔。

④酲：醉酒。

⑤荆氏：宋国的地名。

⑥杙（yì）：桩。

⑦丽：栋梁。

⑧樿（shàn）傍：独板棺木。

⑨解：向神灵祈祷，以求消灾避害。颡（sǎng）：额。

⑩豚：小猪，这里泛指猪。

⑪支离疏：虚拟人物。

⑫緳（jiè）：脏旧衣服。

⑬食：动词，赡养。

⑭以：因为。

⑮不受功：不接受差使。功：当差。

四 译文

南伯子綦在商丘一带游乐，看见长着一棵出奇的大树，上千辆驾着四马的大车，荫蔽在大树树荫下歇息。子綦说："这是什么树呢？这树一定有特异的材质啊！"仰头观看大树的树枝，弯弯扭扭的树枝并不可以用来做栋梁；低头观看大树的主干，树心直到表皮旋着裂口并不可以用来做棺椁；用舌舔一舔树叶，口舌溃烂受伤；用鼻闻一闻气味，使人像喝多了酒，三天三夜还醒不过来。

子綦说："这果真是什么用处也没有的树木，以至长到这么高大。唉，精神世界完全超脱物外的'神人'，就像这不成材的树木呢！"

宋国有个叫荆氏的地方，很适合楸树、柏树、桑树的生长。树干长到一两把粗，想用它来做系猴子的木桩的人便把树木砍去；树干长到三四围粗，地位高贵名声显赫的人家寻求建屋的大梁，便把树木砍去；树干长到七八围粗，达官贵人富家商贾寻找整幅的棺木，便把树木砍去。所以它们始终不能终享天年，而是因被刀斧砍伐而短命。这就是材质有用带来的祸患。因此古人祈祷神灵消除灾害，总不把白色额头的牛、高鼻折额的猪以及患有痔疮疾病的人沉入河中去用作祭祀。这些情况巫师全都了解，认为他们都是很不吉祥的。不过这正是"神人"所认为的世上最大的吉祥。

有个名叫支离疏的人，下巴隐藏在肚脐下，双肩高于头顶，后脑下的发髻指向天空，五脏的腧穴也都向上，两条大腿和两边的胸胁并生在一起。他给人缝衣浆洗，足够糊口度日；又以学堂敲鼓、占卜为业，足可养活十口人。国君征兵时，支离疏将袖扬臂在征兵人面前走来走去；国君有徭役征夫时，支离疏因身有残疾而免除劳役；国君向残疾人赈济米粟，支离疏还领得三钟粮食十捆柴草。像支离疏那样形体残缺不全的人，还足以养活自己，终享天年，又何况那忘德的人呢！

五　当代意义

判断事物是否有用，不能单以自我为中心，要从实用的角度出发、用社会价值标准来衡量，还要从事物本身的价值出发综合考量。庄子肯定"无用之用"，目的是告诫人们在动荡混乱之际，不要"明知不可为而为之"，要学会修德养性，韬光养晦，避祸保身，顺时顺势，遵道而为。

第6节

一　原文

孔子适①楚，楚狂接舆②游其门曰："凤兮凤兮，何如德之衰也！来世不可待，往世不可追也。天下有道，圣人成③焉；天下无道，圣人生④焉。方今之时，仅免刑焉。福轻乎羽，莫之知载；祸重乎地，莫之知避。已乎，已乎！临人以德。殆乎，殆乎！画地而趋。迷阳⑤迷阳，无伤吾行。郤曲郤曲，无伤吾足。"

山木，自寇也；膏火，自煎也。桂可食，故伐之；漆可用，故割之。人皆知有用之用，而莫知无用之用也。

二　出场人物

孔子　接舆

三　注释

①适：到。
②接舆：姓陆，名通，字接舆。楚国的隐士。
③成：成就。
④生：全生。
⑤迷阳：荆棘。

四　译文

孔子去到楚国，楚国隐士接舆有意来到孔子门前，说："凤鸟啊，凤鸟啊！你怎么怀有大德却来到这衰败的国家！未来的世界不可期待，过去的时日无法追回。天下得到了治理，圣人便成就了事业；国君昏暗天下混乱，圣人也只得顺应潮流苟全生存。当今这个时代，怕就只能免遭刑辱。幸福比羽毛还轻，而不知道怎么取得；祸患比大地还重，而不知道怎么回避。算了吧，算了吧！不要在人前宣扬你的德行！危险啊，危险啊！人为地划出一条道路让人们去遵循！遍地的荆棘啊，不要妨碍我的行走！曲曲弯弯的道路啊，不要伤害我的双脚！"

山上的树木皆因材质可用而自身招致砍伐，油脂因可以燃烧照明而自取煎熬。桂树皮芳香可以食用，因而遭到砍伐，树漆因为可以派上用场，所以遭受刀斧割裂。人们都知道有用的用处，却不懂得无用的更大用处。

经典成语

1. 安之若命

【释义】指人遭受的不幸，看作命中注定，因而甘心承受。

2. 溢美之言

【释义】过分夸奖的话。

3. 巧言偏辞

【释义】巧言：浮华不实的话；偏辞：便巧的话。指花言巧语。

4. 螳臂当车

【释义】螳螂试图用臂膀挡住前进的车轮，比喻自不量力。也作螳臂挡车。

5. 画地而趋

【释义】在划定的区域内行走，比喻被礼法拘束而自苦。

6. 膏火自煎

【释义】油脂因为可以燃烧照明而自取煎熬，比喻有才华的人因为有才而招致祸端。

当代意义

文中几个故事皆是人世间之事，前三个故事论处世，此后皆论避世，然无论处世、避世，终不能离于人世。庄子独特的处世观点对于我们如何与自己相处、与他人相处以及创新思维方式都具有丰富的现代价值和当代意义。

一是引导个体修身。《人间世》先以道德存乎己，然后以己所存施乎人。综观整部《庄子》可知，在庄子心中，处己比处人更为重要，严于律己既是与自己相处的重要内容，也是更好地与他人相处的前提。要修炼"心斋"，"虚者，心斋也"。唯有排除各种事物对感官的影响，排除思虑、欲念，达到虚空的境界，才叫作心斋。"心斋"在当今这个容易失去自我、有些"浮躁"的社会显得尤为重要。

此外，庄子"自事其心者，哀乐不易施乎前，知其不可奈何而安之若命，德之至也"，安然处之、顺其自然、平和待之的心态能够提升我们生命的质量、实现生命的安顿。

二是提供交往技巧。人在世间离不开与人的相处。庄子于此举三例述人间世之方：说人主、使敌国、傅太子。

说人主之方主要在于：一则正人先正己，先存诸己而后存诸人，通过心斋，不为名利所惑；二则讲究时机，未达人气、未达人心、未能取信皆不能进言；三则把握尺度，入则鸣，不入则止，人君采纳时进言，不采纳时便停止。当我们被"好心当成驴肝肺"时，很大一部分原因是没有掌握正确的技巧，时机和尺度非常重要，一定要建立在信任的基础上，并且受建议者采纳才有意义。

使敌国之方有三：一为保持平和的心态，安时处顺；二为传言不过度，传其常情不传其溢言；三为无迁令，无劝成，乘物游心，托不得已以养中。

傅太子要点有三：一则以身示范，正汝身；二则摆正姿态，形莫若就，心莫若和，但就不欲入，和不欲出；三则因材施教，顺其天性。庄子提醒我们注重人与人相处要怀有尊重之心，把握恰到好处的分寸感，才能使他人和自己都处于舒适的人际关系之中。

三是启发辩证思维。《人间世》后半部分是庄子在当时社会动荡、民不聊生的时代中生出的"无用之用"的避世哲学，因为不材、隐德而避祸，能终其天年。"人皆知有用之用，而莫知无用之用也。"在某些特定的环境中，无用乃是大用，懂得此无用之大用之人便是拥有了超高的生活智慧。若我们用辩证的思维看问题，往往能发现世界的另一种精彩。

德充符

导　读

《德充符》重点在讨论人的精神世界，强调重视生命之美的内在性，也就是德。在这里的德，既指向内心高尚的德行操守，又主要体现为"忘形"和"忘情"两种精神状态。忘形就是要做到死生同一，混同自然，毫不在意外在躯体的美丑；忘情就是内心不存在宠辱、贵贱、好恶、是非，也不随外部环境的改变而随意改变。

庄子认为，当内心"充盈"这种高尚"德行"的时候，人便可以超越外在形体上的残缺，超越世俗的境界，散发出无穷的生命魅力。随后他用一系列的故事来"验证（符）"德充实后的效果，这就是"德充符"这个题目的意思。

在本篇正文中，庄子主要通过五个充满奇妙的小故事来阐述和论证他的思想。第一个故事，讲述孔子为断腿之人"王骀"所折服，想要带领天下人一起跟从他学习，因为王骀精神纯洁无瑕，并且不以物迁，并不把自己的关注放在外形上，而是转向了内心的和悦。

第二个故事，讲述断腿之人"申徒嘉"使当时的执政大臣子产感到羞愧，因为申徒嘉虽然是个断腿之人，但他能够超越外部世界的不可抵抗，坦然接受命运的安排，获得内心的坦然淡定。

第三个故事，讲述孔子感觉到自己的内心比失去了脚趾的"叔山无趾"更为丑陋，号召学生向叔山无趾学习，因为叔山无趾保有生命中最宝贵的东西——健康的精神世界，其内心的自由是孔子这样的人都无法企及的。

第四个故事，讲述孔子向鲁哀公称赞容貌极为丑陋的"哀骀它"。孔子认为他是一个才智完备而德不外露的人，外在的一切都不能够扰乱他内心的和悦，因此他才能让天下人为之着迷倾倒。

第五个故事，讲述两个容貌极为丑陋的人"闉跂支离无脤"和"瓮㼜大瘿"，他们为各自国君及天下人所喜爱。因为如果德行出众的话，那么形体上的缺陷就会被人遗忘。

这一组故事虚构出了一些身体残缺或者容貌奇丑的人，但他们无不内德充盈，无视外在形体和容貌的残缺，找到了真正的自己，得到天下人的敬佩和追随。五个故事以浪涌连环之势，通过"形"与"德"的强烈对比，提出了德失则形无所成、德有所长而形有所忘、才全而德不形等一系列的哲学思想。

文章最后用庄子和惠子的对话重点从"忘形"引向了更深一层的"忘情"。在这里，庄子进一步阐述了忘情并不是要让人违背自然规律去离群索居，而是居于人世间，但并不把那些纷繁杂乱的好恶及情绪放在心上，也不因为这些而损害自己的内心。这进一步将读者带入了"有人之形，无人之情"的全新境界。

　　庄子在全篇当中刻意塑造了多个肢体残损或者外貌丑陋的"贤人"，借用他们与常人、达人、宰执、君主等不同人的对话来表达主旨，希望能够促使大家破除外形残全美丑的观念，认识到只有心灵上的残疾才是真正的残疾。我们在日常生活当中不能以貌取人，更应关注内在德行品性的修养，进而形成正确的美丑观。

　　再进一步，庄子通过这一组故事告诉大家，人世间的功名利禄等身外之物，其实都是对人性的束缚，我们不应该关注宠辱、贵贱、好恶、是非，不应斤斤计较于名利的得失，而只有保持和悦的心态和自由的精神，才能够真正过好我们自己的人生。

　　在当今的社会当中，不少人狂热地追求名利，甚至将其作为衡量人生成功的唯一标准，而忽略了对内心德行的修养，陷入心灵空虚的境地。《德充符》对于扭转这种社会风气和价值观，引导人们真正去感受生活之美和生命意义，依然具有巨大的指导作用。

第1节

一　原文

　　鲁有兀者王骀[①]，从之游者与仲尼相若。常季[②]问于仲尼曰："王骀，兀者也，从之游者与夫子中分鲁。立不教，坐不议，虚而往，实而归。固有不言之教，无形而心成者邪？是何人也？"

仲尼曰："夫子，圣人也。丘也直③后而未往耳！丘将以为师，而况不若丘者乎！奚假鲁国④，丘将引天下而与从之。"

常季曰："彼兀者也，而王⑤先生，其与庸亦远矣。若然者，其用心也，独若之何？"

仲尼曰："死生亦大矣，而不得与之变；虽天地覆坠，亦将不与之遗⑥；审乎无假而不与物迁⑦，命物之化而守其宗也⑧。"

常季曰："何谓也？"

仲尼曰："自其异者视之，肝胆楚越也；自其同者视之，万物皆一也。夫若然者，且不知耳目之所宜，而游心乎德之和。物视其所一而不见其所丧，视丧其足犹遗土⑨也。"

常季曰："彼为己，以其知得其心，以其心得其常心。物何为最之哉？"

仲尼曰："人莫鉴⑩于流水而鉴于止水。唯止能止众止。受命于地，唯松柏独也正，在冬夏青青；受命于天，唯尧、舜独也正，在万物之首。幸能正生⑪，以正众生。夫保始之征⑫，不惧之实，勇士一人，雄入于九军。将求名而能自要⑬者，而犹若是，而况官⑭天地、府⑮万物、直寓六骸⑯、象⑰耳目、一知⑱之所知，而心未尝死者乎！彼且择日而登假⑲，人则从是也。彼且何肯以物为事乎！"

二　出场人物

王骀　孔子　常季

三　注释

① 兀：断足的刑法。"兀者"指受过跀刑只剩下一只脚的人。王骀：虚构人物。

② 常季：鲁国贤人，传说为孔子弟子。

③ 直：只。

④ 奚：何。假：已，只。

⑤ 王：超过，此处指超过孔子。

⑥ 遗：丧失。

⑦ 审：通"晓"。假：凭借。

⑧ 命：听任。宗：本。

⑨ 遗土：丢失土块。

⑩ 鉴：照镜子，审察。

⑪ 正生：端正自身品行。

⑫ 始：最初的状态。征：迹象。

⑬ 要：索求。

⑭ 官：主宰。

⑮ 府：包罗。

⑯ 寓六骸：把身体当作寓所。

⑰ 象：表象。

⑱ 一知：自然赋予的智慧。

⑲ 登假：升至某种境界。

四　译文

鲁国有个被砍掉了一只脚的人，名字叫王骀。跟从他学习的人几乎与孔子的弟子一样多。孔子的学生常季问孔子说："王骀只是个被砍去了一只脚的人，但在鲁国，跟从他学习的人与跟从您的一样多。他不管站着坐着，都不能给予教诲或者和人商议大事；但他的弟子们去的时候一无所知，回来的时候却内心充实。难道真的有无需言语的教导吗？真的有身体残损但内心丰盈完满的境界吗？这到底是个什么样的人呢？"

孔子说："王骀先生是圣人，我的学识德行都不如他，我一直很想去向他请教。连我都要把他当老师，何况是学识和德行都不如我的那些人呢！我不仅要在鲁国号召大家向他学习，我还要引领天下的人都跟从他学习。"

常季说："他是一个被砍去了一只脚的人，而学识和德行竟然能超越您，那普通人跟他相比就差得更远了。像王骀这样的人运用心智到底有什么独到之处呢？"

孔子回答说："即使面对生与死这样的人生大事，他的内心也不会随之变化；即使面对天翻地覆这样的环境变化，他也不会随之覆灭。他已经通晓了无需依赖外物的道理，不再随物的变化而变化，听任外物变化而信守自己的内心。"

常季说："这到底是什么意思呢？"

孔子说："从事物差异性的角度去看，相邻的肝胆虽同在身体中，但也像楚国和越国那样相距遥远；从事物同一性的角度去看，万事万物又无非是同一个东西的投影而已。这样的人，不清楚耳朵眼睛最适宜何种声音和色彩，他只是让自己的心灵在平静安详的境界中自由遨游。这样的人看待任何外物，都看到其同一的方面而不看它因失去某些东西而引起差异的方面，所以在他看来，失去一只脚就像是丢掉了一块土一样。"

常季说："王骀只是善于修养自己，他运用自己的真知来获取明理之心，又运用明理之心获得了某种永恒之心。那为什么会有这么多人愿意追随他向他学习呢？"

孔子回答说："一个人只能在静止的水面，而不是流动的水面上，看清自己的身影。只有达到静止的境界，才能使其他外物都静止下来。各种树木都是从土地中生长出来的，但只有松柏无论冬夏都保持郁郁青青；每个人都受命于天，但只有尧舜道德品行最为端正，成为万物之上的帝王。他们都能够端正自身品行，因此也能去端正别人的品行。只要保持一颗初心，以及无所畏惧的胆识，孤身一人的勇士也能称雄于千军万马之中。像这样为求取功名而奋斗的人都能够这样，何况是那种主宰天地，包罗万物，把自己的身体当作寓所，把耳目当作外表，天赋的智慧能通解所知的一切领域，精神世界从不衰竭消亡的人呢！他必定会选择时日登至更高境界，人们一定会争相跟随他。他怎么还会将聚集更多的门徒当回事呢！"

第2节

一　原文

申徒嘉①，兀者也，而与郑子产同师于伯昏无人②。子产谓申徒嘉曰："我先出则子止，子先出则我止。"其明日，又与合堂同席而坐。子产谓申徒嘉曰："我先出则子止，子先出则我止。今我将出，子可以止乎？其未邪③？且子见执政而不违④，子齐⑤执政乎？"

申徒嘉曰："先生之门，固⑥有执政焉如此哉？子而说⑦子之执政而后人者也。闻之曰：'鉴明则尘垢不止，止则不明也。久与贤人处则无过。'今子之所取大者⑧，先生也，而犹出言若是，不亦过乎？"

子产曰："子既若是矣，犹与尧争善。计子之德，不足以自反邪⑨？"

申徒嘉曰："自状⑩其过，以不当亡者众；不状其过，以不当存者寡。知不可奈何而安之若命，唯有德者能之。游于羿之彀中⑪。中央者，中地也⑫；然而不中者，命也。人以其全足笑吾不全足者多矣，我怫然⑬而怒，而适先生之所，则废然⑭而反。不知先生之洗我以善邪⑮，吾之自寤邪？吾与夫子游十九年矣，而未尝知吾兀者也。今子与我游于形骸之内⑯，而子索我于形骸之外⑰，不亦过乎！"

子产蹴然⑱改容更貌曰："子无乃⑲称！"

二　出场人物

申徒嘉　子产　伯昏无人

三　注释

①申徒嘉：虚拟人物，被砍去了一条腿。

②子产：郑国政治家。伯昏无人：虚拟人物，申徒嘉和子产的老师。

③其：抑或，还是。

④执政：子产曾是郑国执政大臣。违：回避。

⑤齐：跟……一样。

⑥固：岂

⑦说：通"悦"，喜悦。

⑧大者：广博精深的见识。

⑨计：计算，估量。反：反省。

⑩状：陈述，辩解。

⑪羿：古代神话传说中的善射者。彀（gòu）：把弓张满。

⑫中地：最易射中的地方。

⑬怫（fú）然：发怒时盛气的样子。

⑭废然：怒气消失的样子。

⑮洗我以善：用善道来教诲我。

⑯形骸之内：指人的精神世界。

⑰形骸之外：指人的外在形体。

⑱蹴（cù）然：恭敬不安的样子。

⑲乃：读为"仍"。

四 译文

申徒嘉是个被砍掉了一只脚的人，他跟郑国的子产同时拜伯昏无人为师。子产对申徒嘉说："今后我先出去的时候，你就留下来；你先出去的话，我就留下来，咱俩别一起走。"第二天，子产和申徒嘉坐在同一间屋子中的同一张席子上。子产又对申徒嘉说："我先出去的时候，你就留下来；你先出去的话，我就留下来。现在我要出去，你看看可不可以留下来？还是说你就不留下呢？你见了我这样的执政大臣却不知道回避，你觉得自己跟执政大臣是一样地位的吗？"

申徒嘉说："伯昏无人先生的门下，怎么会有你这样的执政大臣呢？你沾沾自喜于你的地位，就可以因此轻视别人吗？我听说过这样的话：'镜子明亮就不落灰尘，尘垢落在上面镜子也就照不见东西了。常跟贤人相处便会没有过错。'你现在来跟从老师追求广博精深的见识，但竟然说出这样低级的话，难道不是大错特错了吗？"

子产说："你现如今形残体缺，还要跟唐尧这样的人比善，你估量一下自己的德行，受过断足之刑还不能够让你反省吗？"

申徒嘉说："大部分人都会辩解自己的过错，认为自己不应当受断足之刑；但很少有人不辩解自己的过错，认为自己应当承受断足之刑。懂得事情有无可奈何的一面，安心接受命运的安排，这只有有德的人才能做到。人生在世就如同一直游弋在后羿神箭的射程之内，正中的地方也就是最容易中箭的地方，然而确实有些人一直没有被射中，这就是命运。用完整的双脚来嘲笑我仅有一只脚的人很多，我以前常常因此而勃然大怒；可是只要来到伯昏无人先生的居所，我的怒气便全然消退了。真不知道先生用什么样的善道来给我以心灵的洗礼的呢？我跟随先生学习已经十九年了，他从没有觉得我是个被砍掉了一条脚的人。如今我们两人以德相交，而你却在形体完整这个方面对我说三道四，这不又是大错特错了吗？"

子产听了申徒嘉的话，深感惭愧，脸色顿改，恭恭敬敬地说道："请你不要再说下去了！"

第3节

一　原文

鲁有兀者叔山无趾①，踵②见仲尼。仲尼曰："子不谨，前既犯患若是矣。虽今来，何及矣！"

无趾曰："吾唯不知务③而轻用吾身，吾是以亡足。今吾来也，犹有尊足④者存，吾是以务全之也。夫天无不覆，地无不载，吾以夫子为天地，安知夫子之犹若是也！"

孔子曰："丘则陋⑤矣！夫子胡不入乎？请讲以所闻。"

无趾出。孔子曰："弟子勉之！夫无趾，兀者也，犹务学以复补前行之恶，而况全德⑥之人！"

无趾语老聃⑦曰："孔丘之于至人，其未邪？彼何宾宾以学子为⑧？彼且蕲以诡诡幻怪之名闻⑨，不知至人之以是为己桎梏⑩邪？"

老聃曰："胡不直使彼以死生为一条⑪，以可不可为一贯⑫者，解其桎梏，其可乎？"

无趾曰："天刑⑬之，安可解！"

二　出场人物

叔山无趾　孔子　老聃

三 注释

① 叔山无趾：虚拟人物，一只脚被砍掉的人。

② 踵：脚后跟，这里指用脚后跟走路。叔山无趾被刑断脚趾，所以只能用脚后跟来走路。

③ 不知务：不通晓事理。

④ 尊足：即尊于足。

⑤ 陋：浅薄固陋。

⑥ 全德：全体，指形体没有残缺。

⑦ 老聃：姓李，名聃，即老子。

⑧ 宾宾：频频。学子，即学于子，向老聃请教。

⑨ 蕲（qí）：求。諔（chù）诡：奇异。

⑩ 桎梏：古代刑具，现指脚镣手铐，喻指束缚工具。

⑪ 一条：一致，一样的。

⑫ 贯：通。

⑬ 刑：惩罚。

四 译文

鲁国有个被砍去脚趾的人，叫作叔山无趾，靠着脚后跟走路去拜见孔子。孔子对他说："你以前很不谨慎，犯了罪，才有了今天这种结果。虽然现在你来我这里请教，但哪里还来得及挽回呢？"

叔山无趾说："我只因为不明事理，也不知道如何保全自己的身体，触犯刑法而失掉了脚趾。如今我来到你这里，还有比脚趾更为可贵的东西，我想竭力保全它。天地对万物无不包容，我把先生当作天地，哪里知道你竟然是这样的人！"

孔子说："我实在太浅薄了！请先生进来，我愿意听你的指教。"

叔山无趾走了。孔子对弟子们说："弟子们，我们都要努力啊！叔山无趾是一个被砍掉脚趾的人，他还努力求学来补救先前做错的地方，何况我们这些道德和身体都没有缺陷的人呢！"

叔山无趾对老子说："孔子恐怕还未能达到至人的境界吧？他为什么频频地前来向你求教呢？他还在追求那些奇异虚妄的名声，他不知道至人总是把这一切都看作束缚自己的枷锁吗？"

老子说："你怎么不直接让他了解生和死都是一样的，而可以与不可以则是相通的，这样大概也就可以帮助他解脱枷锁了吧？"

叔山无趾说："这种束缚是上天给他的处罚，怎么可以解脱得了呢！"

第4节

一 原文

鲁哀公①问于仲尼曰："卫有恶人焉②，曰哀骀它③。丈夫④与之处者，思而不能去⑤也；妇人见之，请于父母曰'与为人妻，宁为夫子妾'者，十数而未止也。未尝有闻其唱⑥者也，常和人而已矣。无君人之位以济乎人之死⑦，无聚禄以望人之腹⑧，又以恶骇⑨天下，和而不唱，知不出乎四域，且而雌雄合乎前，是必有异乎人者也。寡人召而观之，果以恶骇天下。与寡人处，不至以月数，而寡人有意乎其为人也⑩；不至乎期年⑪，而寡人信之。国无宰，寡人传国焉。闷然⑫而后应，泛然而若辞⑬。寡人丑乎，卒授之国。无几何也，去寡人而行。寡人恤焉若有亡也⑭，若无与乐是国也。是何人者也！"

仲尼曰："丘也尝使于楚矣，适见豚子食于其死母者⑮。少焉眴若，皆弃之而走⑯。不见己焉尔，不得类焉尔。所爱其母者，非爱其形也，爱使其形者也。战而死者，其人之葬也不以翣资⑰；刖者之屦⑱，无为爱之。皆无其本矣。为天子之诸御⑲，不爪翦⑳，不穿耳；取㉑妻者止于外，不得复使。形全犹足以为尔，而况全德之人乎！今哀骀它未言而信，无功而亲，使人授己国，唯恐其不受也，是必才全而德不形㉒者也。"

哀公曰："何谓才全？"

仲尼曰："死生、存亡、穷达、贫富、贤与不肖、毁誉、饥渴、寒暑，是事之变，命之行也㉓。日夜相代乎前，而知不能规㉔乎其始者也。故不足以滑和㉕，不可入于灵府㉖。使之和豫通而不失于兑㉗。使日夜无隙而与物为春，是接而生时于心者也㉘。是之谓才全。"

"何谓德不形？"

曰："平者，水停之盛也。其可以为法㉙也，内保之而外不荡也㉚。德者，成和之修也㉛。德不形者，物不能离也。"

哀公异日以告闵子曰："始也吾以南面而君天下，执民之纪而忧其死，吾自以为至通矣。今吾闻至人之言，恐吾无其实，轻用吾身而亡其国。吾与孔丘，非君臣也，德友而已矣!"

二　出场人物

鲁哀公　孔子　哀骀它

三　注释

①鲁哀公：春秋时期鲁国第二十六任君主。

②恶人：丑陋的人。

③哀骀（tái）它：虚拟人物，卫国人，貌丑。

④丈夫：古代成年男子的通称。

⑤去：离开。

⑥唱：倡导。

⑦君人之位：统治地位。济：救助。

⑧禄：俸禄，这里泛指财物。望：月儿满圆，这里引申为饱满之义。望人之腹：使人人都能吃饱。

⑨骇：惊扰。

⑩意：猜想，意料。有意乎其为人：对于他的为人有了了解。

⑪期年：一周年。

⑫闷然：神情淡漠的样子。

⑬泛然：这里形容心不在焉，有口无心的样子。辞：推却。

⑭恤（xù）：忧虑。亡：失。

⑮ 豚（tún）：《庄子今注今译》中作"㹠"，小猪。食：这里指吮吸乳汁。

⑯ 少焉：一会儿。眴（shùn）若：惊惶的样子。走：跑。

⑰ 翣（shà）：古代出殡时棺木上的饰物，形同羽扇。资：送。

⑱ 刖（yuè）：断足的刑罚。屦（jù）：用麻、葛等制成的单底鞋，这里泛指鞋子。

⑲ 诸御：宫中御女，即宫女。

⑳ 翦（jiǎn）：同"剪"。

㉑ 取：通"娶"。旧注男女婚娶之后便不再前往宫中服役。

㉒ 形：表露在外的意思。

㉓ 命之行：自然的运行，指非人为造成的情况变化。

㉔ 规：通"窥"，窥视。

㉕ 滑（gǔ）：通"汨"，乱的意思。和：谐和，均衡。

㉖ 灵府：心灵。

㉗ 豫：安适。兑（yuè）：通"悦"，欢乐。

㉘ 接：接触外物。时：顺时，顺应四时而作的意思。

㉙ 法：仿效，借鉴。

㉚ 荡：动。

㉛ 成和之修：事得以成功、物得以顺和的极高修养。

四 译文

鲁哀公向孔子问道："卫国有个容貌非常丑陋的人，名叫哀骀它。男人跟他相处，常常因为会想念他而舍不得离开；女人见到他，便会向父母提出请求，说：'与其做其他人的妻子，不如做哀骀它先生的妾。'这样的例子已经十多个了而且还在增加。从不曾听说哀骀它倡导过什么，他只是常常附和别人。他也没有统治者的权位能拯救他人的灾难，也没有积累大量的财富能让他人免于饥饿。他面貌丑陋得有点惊世骇俗，总是附和他人并没有提出什么主张，才智见识也超不出他所生活的区域，但是无论男女都很乐于亲近他，这样的人一定会有不同凡响的地方。我把他召来看了看，相貌确实异常丑陋。但我们相处不到一个月，我便对他有了一定的了解和好感；相处不到一年，我就十分信任他了。这个时候恰好国家没有宰相，我就想把国事托付给他。但他神情淡漠地回应着我，漫不经心的样子好像在推辞。为此，我感觉有些没面子，但最终还是把国事交给了他。没过多久，他离我而去了，我内心郁闷就像丢失了重要东西一样，好像整个国家没有人能够跟我同享欢乐似的。你说他到底是个什么样的人呢？"

孔子说："我曾经出使过楚国，正巧看见小猪们在吮吸死去的母猪的乳汁，不一会儿，又惊慌地逃走了。因为它们感觉到母猪跟自己不一样了，不像是自己的同类了。可见小猪爱它们的母亲，不是爱它的形体，而是爱主宰着这个形体的精神。战死沙场的人，他们埋葬时无须在棺木上进行装饰。砍掉了脚的人，也不会再爱惜原来穿过的鞋子。这都是因为失去了根本，没有了意义。做天子的嫔妃，不剪指甲也不穿耳眼；娶了妻的人只能在宫外办事，不能再到宫中服役。为了保持形体健全都能够做到这样，何况想要保持德性完美的人呢？如今哀骀它不说话也能让人信任，没有功业也能赢得亲近，让人愿意把国事托付给他，还唯恐他不接受，这一定是才智完备而德不外露的人。"

鲁哀公问："什么叫才智完备呢？"

孔子说："死、生，存、亡，穷、达，贫、富，贤能与不肖，诋毁与称誉，饥、渴，寒、暑，这些都是事物的变化，都是自然的规律。日夜在我们眼前更替，而人的智慧无法窥见它们的起始。它们都不足以搅乱本性的谐和，也不足以侵扰人们的心灵。要使心灵平和、通畅而不失怡悦，要使身心永远如同沐浴在春天当中，这样便会顺应四时与外物产生和谐的心灵感应。这就叫才智完备。"

鲁哀公又问："什么叫德不外露呢？"

孔子说："平静是水流停止时的状态。它可以作为我们取法的准绳，内心充盈而不动声色。所谓德，就是事得以成功、物得以顺和的最高修养。德不外露的人，已经与万物融为一体，不能分离了。"

鲁哀公后来把孔子这番话告诉闵子，他说："起初我认为坐朝当政治理天下，掌握国家纲纪而关心人民的生死，便自以为是做得很完美了，如今我听到至人的言语，很担心自己没有实在的政绩，只是轻率行动，极易使国家陷入危亡境地。我跟孔子不是君臣，而是以德行相交的朋友了。"

第5节

一 原文

闽跂支离无脤说卫灵公①，灵公说之②，而视全人，其脰肩肩③。瓮㼜大瘿说齐桓公④，桓公说之，而视全人，其脰肩肩。故德有所长而形有所忘。人不忘其所忘，而忘其所不忘，此谓诚忘。

故圣人有所游，而知为孽⑤，约为胶⑥，德为接，工为商。圣人不谋，恶用知？不斫⑦，恶用胶？无丧，恶用德？不货，恶用商？四者，天鬻⑧也。天鬻者，天食也⑨。既受食于天，又恶用人！

有人之形，无人之情。有人之形，故群于人；无人之情，故是非不得于身。眇乎小哉，所以属于人也；謷⑩乎大哉，独成其天。

二 出场人物

闽跂支离无脤　卫灵公　齐桓公　瓮㼜大瘿

三 注释

①闽（yīn）：屈曲。"闽跂（qí）"指腿脚屈曲常踮起脚尖走路。支离：伛偻病残的样子。脤（chún）：唇。

②说：通"悦"，喜欢。

③脰（dòu）：颈项。肩肩：细小。

④瓮㼜：腹大口小的陶器。瘿（yǐng）：瘤。瓮㼜大瘿：虚拟人物，颈瘤大如瓮㼜。

⑤孽（niè）：祸根。

⑥约：盟誓。胶：粘固，胶着。

⑦斫：砍削。

⑧鬻（yù）：通"育"，养育。

⑨天食：秉受自然的饲养和供给。

⑩螯（áo）：高大的样子。

四　译文

一个跛脚、伛背、无唇的人去游说卫灵公，卫灵公非常喜欢他，再看到那些体形完整的人的时候，反而觉得他们的脖颈真的太细了。一个脖子上长了巨大瘤子的人去游说齐桓公，齐桓公非常喜欢他，再看到那些体形完整的人的时候，反而觉得他们的脖颈真的太细了。所以，如果德行出众的话，那么形体上的缺陷就会被别人忘掉，人们记住了那些不该记住的，而忘记了不应当忘记的，这就是真正的遗忘。

因而圣人总能逍遥出游，他们把智慧看作祸根，把盟约看作束缚，把德行看作待人接物的手段，把工巧看作一种商业行为。圣人没有图谋，所以不需要智慧。圣人从不切割万物，所以不需要胶漆。圣人没有可失去的，所以也不需要获取。圣人从不追求牟利，所以不需要经商。这四种做法叫作天养。所谓天养，就是享受自然的养育。既然受养于自然，又哪里还用得着人为呢？

有了人的形貌，并没有人情世故。有人的形体，所以与常人类聚；没有人情世故，所以能远离是非。人是如此的渺小，只有浑同于自然才能伟大。

第 6 节

一 原文

惠子①谓庄子曰:"人故无情乎?"

庄子曰:"然。"

惠子曰:"人而无情,何以谓之人?"

庄子曰:"道②与之貌,天与之形,恶得不谓之人?"

惠子曰:"既谓之人,恶得无情?"

庄子曰:"是非吾所谓情也。吾所谓无情者,言人之不以好恶内伤其身,常因自然而不益生也。"

惠子曰:"不益生,何以有其身?"

庄子曰:"道与之貌,天与之形,无以好恶内伤其身。今子外乎子之神,劳乎子之精,倚树而吟,据槁梧而瞑③。天选④之形,子以坚白⑤鸣!"

二 出场人物

惠子　庄子

三 注释

①惠子:惠施,名家的代表人物,思想家、哲学家。

②道:事物的本原。

③瞑:假寐。

④天选:自然的授予。

⑤坚白:即"坚白"论,是古代名家的著名言论,以石为喻,指石之白色与石之坚硬都独立于"石"。

四 译文

惠子对庄子说:"人本来就是没有情的吗?"

庄子说:"是的"。

惠子说:"一个人假若没有情,还能称作人吗?"

庄子说:"大道赋予人容貌,而天赋予人形体,怎么不能称为人呢?"

惠子说:"既然已经称作人,又怎么能够没有情?"

庄子回答说:"这并不是我所说的情。我所说的无情,指的是人不因好恶而损害本性,顺任自然而不人为增添什么。"

惠子说:"不增添的话,那靠什么来保全自己的身体呢?"

庄子回答说:"大道赋予人容貌,天赋予人形体,可不要因外在的好恶而损耗本性。如今你外露心神,耗费精力,靠着树干吟咏,又依着几案打瞌睡。自然授予了你人的形体,你却用来搞'坚''白'论这样的诡辩还自鸣得意!"

经典成语

1. 肝胆楚越

【释义】肝胆：比喻关系密切。楚越：春秋时两个诸侯国，虽土地相连，但关系不好。比喻有着密切关系的双方，变得互不关心或互相敌对。

2. 虚往实归

【释义】意思是无所知而往，有所得而归。

3. 怫然而怒：

【释义】怫然：愤怒的样子。指突然发怒。

4. 改容易貌

【释义】改、易：改变；容、貌：神色、相貌。变了神色或模样。

5. 和而不唱

【释义】赞同别人的意见，不坚持自己的说法。

当代意义

在《德充符》这一篇当中,庄子不断强调"内立德而外忘形",这在当今这个过度重视外表美而忽视内在充实美的世界当中,有着极大的警示作用。

近年来,社会上出现了一些只重视外在形体美的"选秀"节目,片面强调所谓颜值,忽视对内在美的关注和追求,"打造"出了很多后来"负面新闻"缠身的所谓"偶像",这对于整个社会尤其是青少年正确价值观的形成带来了不良影响。

一个人的真正魅力,其实是自内而外散发出来的,高尚的德行将产生"不言而教"的效果和巨大的人格魅力,而且这种魅力是长久的,不因外在容貌的衰减而衰减。

因此对片面强调外在美的各种娱乐节目应适当地进行管控,为青少年的成长创造更好的环境。

在《德充符》中,庄子借孔子之口说出"人莫鉴于流水而鉴于止水。唯止能止众止"。人没有办法在流动的水中照见自己真正的样子。只有让内心安静下来,才能够真正明心见性。

随着生活节奏的加快、信息量的加大，人们面对的难题也越来越多，这也就造成很多人焦虑的内心和一塌糊涂的生活。在这个变幻的世界，我们不能让自己一直随外物而躁动，应先让自己内心平静下来，去照见那个真正的自己，并保持初心，让它不随外部环境的变化而变化，这样我们才能远离那些不安、焦虑、抓狂，重新获得享受美好生活的能力。

有些人总是抱怨，抱怨自己出身不好、机会不好或者不应该遭受苦难，但他们很少会反省自身的问题，即使已经意识到了自己的问题，依然将一切不如意归咎于社会或他人。

如果想走出这种怨天尤人的困境，就应该学习庄子笔下申徒嘉那种"知不可奈何而安之若命"的心态，更坦然地接受已经发生在我们身上的事情，并且不断自省，承担自己的责任，认识并成为真正的自己，最终获得真正的心灵自由。

大宗师

导　读

　　《大宗师》是庄子内篇的第六篇，这篇是对道的论述。大宗师简单来说就是得道之人，庄子在这里称为"真人"或者"至人"，对真人的境界进行了描述，同时还具体阐述了得道过程的七个步骤，他们分别是：外天下、外物、外生、朝彻、见独、无古今和不生不死。庄子在这里开篇就说"知天之所为，知人之所为者，至矣"，知道自然的作为、知道人的作为的这种人就已经达到了极致的境界。这其实就是庄子对得道之人的简单概括和描述。

　　"宗"指敬仰、尊崇，"大宗师"意思是最值得敬仰、尊崇的老师。谁够得上称作这样的老师呢？那就是"道"。

　　全文可以分为九个部分。第一部分从"知天之所为"至"与物有宜而莫知其极"（第 1 节至第 4 节），虚拟一理想中的"真人"，"真人"能做到"天""人"不分，因而"真人"能做到"无人""无我"。"真人"的精神境界就是"道"的形象化。第二部分从"故圣人之用兵也"至"而比于列星"（第 5 节至第 10 节），从描写"真人"逐步转为述说"道"，只有"真人"才能体察"道"，而"道"是"无为无形"而又永存的，因而体察"道"就必须"无人""无我"。第三部分从"南伯子葵问乎女偊曰"至"参寥闻之疑始"（第11节至第12节），讨论体察"道"的方法和进程。第四部分从"子祀、子舆、子犁、子来四人相与语"至"蘧然觉"（第13节至第14节），说明人的死生存亡实为一体，无法逃避，因而应"安时而处顺"。第五部分从"子桑户、孟子反、子琴张三人相与友"至"天之小人也"（第15节至第16节），进一步讨论人的死和生，指出死和生都是"气"的变化，是自然的现象，因而应"相忘以生，无所终穷"，只有这样精神才会超脱物外。第六部分从"颜回问仲尼曰"至"乃入于寥天一"（第17节），说明人的躯体有了变化而人的精神却不会死，安于自然、忘却死亡，便进入"道"的境界而与自然合成一体。第七部分从"意而子见许由"至"此所游已"（第18节），批判儒家的仁义和是非观念，指出儒家的观念是对人的精神摧残。第八部分从"颜回曰"至"丘也请从而后也"（第19节），论述"离形去知，同于大通"是进入"道"的境界的方法。第20节为第九部分，说明一切都由"命"所安排，即非人为之力所安排。

第1节

一 原文

知天之所为，知人之所为者，至矣！知天之所为者，天而生也；知人之所为者，以其知之所知，以养其知之所不知，终其天年而不中道夭者，是知之盛也。

虽然，有患。夫知有所待而后当^①，其所待者特^②未定也。庸讵知吾所谓天之非人乎？所谓人之非天乎？

且有真人而后有真知。

二　出场人物

真人

三　注释

①有所待：有所依凭。当：恰当、正确。

②特：但，不过。

四　译文

知道自然的作为，并且了解人的作为，这就达到了认识的极点。知道自然的作为，是懂得事物出于自然；了解人的作为，是用他已经通晓的知识去哺育发现他所未能通晓的知识，直至自然死亡而不中途夭折，这恐怕就是认识的最高境界了。

虽然这样，还是存在疑虑。人们的认知一定要有所依凭方才认定其是否正确，而我们的认知所依凭的也是无法确定其是否真的是正确的。怎么知道我所说的本于自然的东西不是出于人为呢？怎么知道我所说的人为的东西又不是出于自然呢？

只有有了"真人"方才有真知。

五　当代意义

庄子在《养生主》中有"吾生也有涯，而知也无涯"的言论。同样，本篇开篇分天分人，正由知天知人谈及知之盛，忽地跳出一句"虽然，有患"，惊醒梦中人。庄子早在《逍遥游》中即批驳"有所待"的不可取，而"知"的获取又必须"有所待"，那么无论大知小知，知天知人，都会有不能把握的一面，都得"有所待"，自然亦是不可取的了。

第2节

一　原文

何谓真人？古之真人，不逆①寡，不雄成②，不谟士③。若然者，过而弗悔，当而不自得也④；若然者，登高不慄，入水不濡⑤，入火不热。是知之能登假⑥于道者也若此。

二　出场人物

真人

三　注释

①逆：针对，对付。

②雄成：雄踞自己的成绩，即凭借自己取得的成绩而傲视他人、凌驾他人。

③谟：图谋、算计。士：通"事"。一说"士"当就字

面讲。谟士：采用不正当手段谋取士人的信赖。

④ 当：恰巧、正好。自得：自以为得意。

⑤ 濡（rú）：沾湿。

⑥ 假：至、达到。

四 译文

什么叫作"真人"呢？古时候的"真人"，不倚众凌寡，不自恃成功雄踞他人，也不斤斤计较，事事算计。像这样的人，错过了时机不后悔，赶上了机遇不得意。像这样的人，登上高处不颤抖，下到水里不会沾湿，进入火中不感觉灼热。这只有智慧能通达大道境界的人方才能像这样。

五 当代意义

老子有曰："知其雄，守其雌"，又曰："成功而弗居"。这和庄子的"不逆寡，不雄成，不谟士"异曲同工。人只要不患得患失，不纠结对错，就能无惑无虑，智慧通达。

第3节

一 原文

古之真人，其寝不梦，其觉无忧，其食不甘，其息深深。真人之息以踵①，众人之息以喉。屈服者，其嗌言若哇②。其耆③欲深者，其天机④浅。

二 出场人物

真人

三 注释

①踵：脚后跟。"息以踵"言气息深沉，发自根本。

②嗌（ài）：咽喉闭塞。"嗌言"意为言语吞吐像堵在喉头似的。哇（wā）：象声词。

③耆：嗜好，后代写作"嗜"。

④天机：天生的神智。

四 译文

古时候的"真人"，他睡觉时不做梦，醒来时不忧虑，吃东西时不求甘美，呼吸时气息绵绵不绝。"真人"气息能通达脚跟，而一般人则只能浅呼吸，气息则只能到达喉咙。理屈词穷时，言语在喉前吞吐就像堵在喉头似的。那些嗜好和欲望太深的人，他们对自然之道了解得很浅。

五 当代意义

这里庄子描述了一个人真正达到道的状态，它是一种静定的状态，是"止"的境界，也是"息"的境界，在这个状态下就接近于道。得道之人融于天地自然的运行之中，不为名利、财货、权利等外物所拖累，没有私心杂念，不患得患失，达到了一种自然的状态。

第4节

一 原文

古之真人，不知说生，不知恶死。其出不欣^①，其入不距^②。翛然^③而往，翛然而来而已矣。不忘其所始，不求其所终。受而喜之，忘而复之。是之谓不以心捐^④道，不以人助天，是之谓真人。若然者，其心忘^⑤，其容寂，其颡頯^⑥。凄然似秋，煖^⑦然似春，喜怒通四时，与物有宜^⑧而莫知其极。

二 出场人物

真人

三 注释

①出：指出生于世，与下句"入"（指死亡）相对。以下的"往"和"来"也是指人的死和生。

②距：通"拒"，拒绝、回避。

③翛（xiāo）然：无拘束，自由自在的样子。

④捐：当为"损"字之讹，损害的意思。

⑤心忘：心里空灵，忘掉自己的周围。

⑥頯（kuí）：质朴的样子。

⑦煖（xuān）：温暖。

⑧宜：合适、相称。

四 译文

古时候的"真人",生而不喜,死而不恶。出生来到人世间也不欣喜,入死归于天地也不抗拒。悠然而来,悠然而去罢了。不忘本源,也不寻求自己往哪儿去。欢欢喜喜接受一切际遇,忘掉死生像是回到了自己的本然,这就叫作不用心智去损害大道,也不用人为的因素去帮助自然。这就叫"真人"。像这样的人,他的内心忘掉了周围的一切,他的容颜淡漠安闲,他的面额质朴端严;冷肃得像秋天,温暖得像春天,高兴或愤怒跟四时更替一样自然无饰,融于万物而没有谁能探测到他精神世界的真谛。

五 当代意义

清人刘凤苞曾说:《大宗师》一篇,是庄子勘破了生死关头。"生"为人间事,或许人力可以知之、善养之;"死"却是宇宙事,并非我们可以探求而得知的。孔子曰:"未知生,焉知死。"他是尽心关注人间的人,到了生与死的边界便驻步不前,只教人"知天命",亦即知人之所限。承认不可知的死亡存在,再来把热血灌注于我们有力量改造的现实人生,提倡仁义。这是儒家入世的原则,也是儒家虽万难而不易其心的精神支柱。而庄子不喜谈仁义,数十载的人生,无论苦痛、欢欣,在他眼中仅仅是"翛然而往,翛然而来而已矣"。他认为真正得道者,应懂得"死生存亡之一体",懂得"天人合一"。

第 5 节

一　原文①

故圣人之用兵也，亡国而不失人心；利泽①施乎万世，不为爱人。故乐通物，非圣人也；有亲②，非仁也；天时③，非贤也；利害不通，非君子也；行名失己④，非士也；亡身不真，非役⑤人也。若狐不偕、务光、伯夷、叔齐、箕子、胥馀、纪他、申徒狄⑥，是役人之役，适⑦人之适，而不自适其适者也。

二　出场人物

圣人

三　注释

①利泽：利益和恩泽。

②亲：这里指偏爱。庄子主张至人无亲，任理自存，因而有了偏爱就算不上是"仁"。

③天时：选择时机。

④行名：做事为取名声。一说"行"读 xìng，是品行的意思，"行名失己"即品行和名声不符而失去本真。

⑤役：役使、驱遣。

⑥狐不偕、务光、伯夷、叔齐、箕子、胥馀、纪他、申徒狄：皆人名，传说中远古时代（唐尧、夏禹、商汤时代）的贤人，有的为不愿接受天下，有的为忠谏不被采纳，或投

---

① 本自然段 与上下文不连贯，自成片段，疑系错简。以备参考。

水而死，或饿死，或被杀害。

⑦适：安适，舒畅。

四 译文

所以古代圣人使用武力，灭掉敌国却不失掉敌国的民心；利益和恩泽广施于万世，却不是为了偏爱什么人。乐于交往取悦外物的人，不是圣人；有偏爱就算不上是"仁"；伺机行事，不是贤人；不能看到利害的相通和相辅，算不上是君子；办事求名而失掉自身的本性，不是有识之士；丧失身躯却与自己的真性不符，不是能役使世人的人。像狐不偕、务光、伯夷、叔齐、箕子、胥馀、纪他、申徒狄，这样的人都是被役使世人的人所役使，都是被安适世人的人所安适，而不是能使自己得到安适的人。

第6节

一 原文

古之真人，其状义而不朋①，若不足而不承；与乎其觚而不坚也②，张乎其虚而不华也③；邴乎④其似喜也，崔乎⑤其不得已也！滀乎⑥进我色也，与乎止我德也⑦，广乎其似世也⑧，謷乎其未可制也⑨，连乎⑩其似好闭也，悗乎⑪忘其言也。以刑为体⑫，以礼为翼，以知为时⑬，以德为循。以刑为体者，绰乎⑭其杀也；以礼为翼者，所以行于世也；以知为时者，不得已于事也；以德为循者，言其与有足者至于丘也，而人真以为勤行者也。故其好之也一，其弗好之也一。其一也一，其不一也一。其一与天为徒，其不一与人为徒⑮，天与人不相胜也，是之谓真人。

二 出场人物

真人

三 注释

①状：外部的表情和神态。义：同"宜"，指与人相处随物而宜。朋：作"朋党"，指与人交往却不结成朋党。

②与乎：容与，态度自然安闲的样子。觚（gū）：特立超群。坚：固执。

③张乎：广大的样子，这里指内心宽宏、开阔。华：浮华。

④邴（bǐng）乎：欣喜的样子。

⑤崔乎：开始行动的样子。

⑥滀（chù）乎：本指水之停聚貌，这里形容人的容颜和悦而有光泽。

⑦与：交往，待人接物。止：归。止我德：德行高雅宽和让人归依。

⑧广：言精神博大好像包容世界。一说"世"乃"泰"字之通假，大的意思。

⑨謷（áo）乎：高放自得的样子。制：限止。

⑩连乎：形容沉默不语。

⑪ 悗（mèn）乎：心不在焉的样子。

⑫ "以刑为体"至"而人真以为勤行者也"十三句，所述内容跟上下文内容似不连贯，有待进一步校勘、考订。

⑬ 为时：等待时机。

⑭ 绰乎：宽大的样子。

⑮ 徒：徒属，这里是同类的意思。

四 译文

古时候的"真人"，是这个样子的，行大义而去结党；若有所缺，却又不刻意去承担，去补这个不足；态度安闲自然、特立超群而不执着顽固，襟怀宽阔虚空而不浮华；怡然欣喜像是格外高兴，一举一动又像出自不得已！容颜和悦令人喜欢接近，与人交往德性宽和让人乐于归依；气度博大像宽广的世界！高放自得从不受什么限制，绵邈深远好像喜欢封闭自己，心不在焉的样子又好像忘记了要说的话。修道之人以严苛的规矩来管理自己，以"礼"（同"理"）的精神当作羽翼，以智慧通达作为修道的时机，以道德的要求作为遵循的规律。以严苛的规矩来管理自己的人，就会很轻松地杀掉自己的心念；以礼的精神当作羽翼的人，就能随遇而安，畅行于世；以智慧通达作为修道时机的人，就不会做勉强的事；以道德的要求作为遵循规律的人，就像说大凡有脚的人就能够登上山丘一样容易得道，而不懂此道的人们却以为是勤于行走的原因。所以真人所喜好的是浑然为一的，其不喜好的也是浑然为一的。那些看似同一的东西是浑然为一的，那些看似不同一的东西其实也是浑然为一的。那些我们认为同一的东西同一于自然，那些我们认为不同一的东西是由于加入了人的认知。自然与人本来就是一体的，不存在相互对立而相互超越，具有这种认识的人就叫作"真人"。

五　当代意义

本节中庄子用了道家思想常见的辩证思维论述了什么是真人，他说："其一也一，其不一也一。其一与天为徒，其不一与人为徒，天与人不相胜也，是之谓真人。"意思是说，真正得道的人就是能够正确认识事物的对立统一的两方面，并且还能把他们看成一个统一体的人，这就是得道之人。庄子《齐物论》中其实也表达了类似的意思，庄子试图用这种辩证思维来描述得道之人，或者说真人的境界。比如他们不会患得患失，也不以物喜，不以己悲，真的可以看淡生死，这些都是辩证思维的体现，而真正懂得那种辩证统一的思想，才是真正的真人的境界。

第7节

一　原文

死生，命①也；其有夜旦之常②，天也。人之有所不得与③，皆物之情也。彼特以天为父，而身犹爱之，而况其卓④乎！人特以有君为愈⑤乎己，而身犹死之⑥，而况其真⑦乎！

二 出场人物

（空）

三 注释

① 命：这里指不可避免的、非人为的作用。

② 常：常规，恒久不易或变化的规律。

③ 与：参与，干预。

④ 卓：特立，高超，这里实指"道"。

⑤ 愈：胜，超过。

⑥ 死之：这里作"为之而死"，即为国君而献身。

⑦ 真：真人。

四 译文

生死由命，就像黑夜和白天交替一样，完全出于自然。有些事情人是无法干预的，这都是事物自身变化的实情。人们总是把天看作生命之父，而且终身爱戴它，何况那特立高超的"道"呢！人们还总认为国君是一定超越自己的，而且愿为国君效死，又何况尊乎道的真人呢？

第8节

一 原文

泉涸^①，鱼相与处于陆，相呴^②以湿，相濡以沫^③，不如相忘于江湖。与其誉尧而非桀也^④，不如两忘而化^⑤其道。夫大块⑥载我以形，劳我以生，佚⑦我以老，息我以死。故善吾生者，乃所以善吾死也。

二 出场人物

尧 桀

三 注释

①涸（hé）：水干。

②呴（xǔ）：张口出气。

③濡（rú）：沾湿的意思。沫：唾沫，即口水。

④尧：古人名。传说中的中国古代帝王。号陶唐氏，史称唐尧。他死后通过禅让制度由舜继位。桀：古人名。相传是夏朝的暴君，被商族首领汤起兵攻伐，出奔南方而死，夏亡。

⑤化：这里是混同的意思。

⑥大块：大地，这里可以理解为大自然。

⑦佚（yì）：通"逸"，闲逸。

四 译文

泉水干涸了，鱼儿困在陆地上，与其相互依偎以出气来互相取得一点湿气，以唾沫相互润湿，不如自由自在生活在江湖里，互相忘记。与其赞誉唐尧而非议夏桀，不如忘掉他们的是非非而融化归于"道"。大自然把我的形体托载，并且用生存来劳苦我，用衰老来闲适我，用死亡来安息我。所以，把我的存在看作好事，也就因此而可以把我的死亡看作好事。

五　当代意义

《大宗师》中有一条成语极为著名：相濡以沫。现在多用以赞赏患难至交。而庄子却不以为然，说与其等到成为涸泽之鱼，不如平时自由自在地各自生活，逍遥快活，两两相忘。并且，他还由此引申至"与其誉尧而非桀也，不如两忘而化其道"。简单地看，这是让我们忘记善恶之别乃至取消万物的界限，但也可以理解为一种更深刻的含义：恰恰是因为人们有了善恶是非之分而违背了"道"的本性，才让现实世界变得被黑暗笼罩着，才需要由"尧"来治理，来改善。"道"的真意是万物都是齐一的、平等的，就像老子《道德经》中说的"天地不仁，以万物为刍狗，圣人不仁，以百姓为刍狗"。确实，如果人类仍处在浑沌蒙昧的伊甸园，快乐和善只是理所应当，根本无须任何拯救命运的方舟。一切痛苦是从我们人为地制造了善恶开始的，是从我们人为规定了世上有些事可以做，有些不可以，有些话可以说，而有些不可以开始的。庄子说："夫大块载我以形，劳我以生，佚我以老，息我以死。"在这个漫长而又短暂的过程中，个体生命的生和死都是"道"之所使，"儵然而往，儵然而来而已矣"。所以庄子又说："故善吾生者，乃所以善吾死也。"死是我们的另一种存在，而死后的境地是生前无法臆想的，我们只能平静地对待生命中的每一天，直到它消融于另一个存在。这就是所谓的"撄宁"之心。庄子没有片面地肯定生，也没有片面地肯定死，他并不只具有诗人气质，更是将对人生与宇宙的认识上升到了哲学的境界。

第9节

一 原文

夫藏舟于壑①，藏山②于泽，谓之固矣！然而夜半有力者负之而走，昧者③不知也。藏小大有宜④，犹有所遁⑤。若夫藏天下于天下而不得所遁，是恒⑥物之大情也。特犯⑦人之形而犹喜之。若人之形者，万化而未始有极也，其为乐可胜⑧计邪？故圣人将游于物之所不得遁而皆存。善妖⑨善老，善始善终，人犹效之，又况万物之所系而一化之所待乎⑩！

二 出场人物

（空）

三 注释

①壑（hè）：深深的山谷。

②山：或作"汕"，捕鱼的用具。旧注就字面讲。

③昧：通"寐"，睡着的意思。一说"昧"当如字面讲，昧者，即愚昧的人。

④藏小大，即"藏小于大"。宜：合适，适宜。

⑤遁：逃脱、丢失。

⑥恒：常有、固有。

⑦犯：承受。一说通"范"，模子的意思。

⑧胜：禁得起。

⑨妖：或作"夭"，根据上下文意判断，这里应是少小

的意思，与"老"字互文。

⑩系：关联、连缀。一：全。"一化"即所有的变化。待：依靠、凭借。"所系""所待"这里都是指所谓"道"，庄子认为一切事物、一切变化都离不开"道"，因而人们应当效法它，"宗"之为"师"。

四 译文

将船儿藏在大山沟里，将渔具藏在深水里，可以说是十分牢靠了。然而半夜里有个大力士把它们一块儿背着跑了；睡梦中的人们还一点儿也不知道。将小东西藏在大东西里是适宜的；不过还是会有丢失。假如把天下藏在天下里而再没有可逃脱的地方了也就不会丢失了，这就是事物固有的真实状态。人们只要承受了人的形体便十分欣喜，至于像人的形体的情况，在万千变化中生和死从不曾有过穷尽，那快乐之情难道还能够加以计算吗？所以圣人将自己融于大自然之中而与万物共存。从少到老自然和谐，来时喜庆，去时寿终正寝，大家都要羡慕他，又何况那万物所联缀、各种变化所依托生生不息的"道"呢！

五、当代意义

任何事物，太过于纠结，患得患失，反而会把握不定，适得其反。就好像手中捧沙，握得越紧，沙粒流失得越快。庄子说："若夫藏天下于天下而不得所遁，是恒物之大情也。"死守着一泓清水，总有一天它会变成一潭腐水，但若放任其自由，或化为水汽空濛，或付诸东流，只凭规律在天地间循环往复，反而持之以恒，即所谓"舍得舍得，有舍方有得"。

第10节

一 原文

夫道有情有信^①，无为无形；可传^②而不可受，可得^③而不可见；自本自根，未有天地，自古以固存；神鬼神帝^④，生天生地；在太极之先而不为高^⑤，在六极^⑥之下而不为深，先天地生而不为久，长于上古而不为老。豨韦氏^⑦得之，以挈^⑧天地；伏戏氏^⑨得之，以袭气母^⑩；维斗^⑪得之，终古不忒^⑫；日月得之，终古不息；堪坏^⑬得之，以袭昆仑；冯夷^⑭得之，以游大川；肩吾^⑮得之，以处大山；黄帝^⑯得之，以登云天；颛顼得之，以处玄得宫^⑰；禺强^⑱得之，立乎北极；西王母^⑲得之，坐乎少广，莫知其始，莫知其终；彭祖得之，上及有虞，下及五伯^⑳；傅说^㉑得之，以相武丁，奄^㉒有天下，乘东维，骑箕尾^㉓，而比于列星。

二 出场人物

豨韦氏　伏戏氏　维斗　堪坏　冯夷　肩吾　黄帝　颛顼　禺强　西王母　彭祖　傅说

三 注释

①情、信：真实、确凿可信。

② 传：传递、感染、感受。

③ 得：这里是体会、领悟的意思。

④ 神：这里是引出、产生的意思。

⑤ 太极：派生万物的本原，即宇宙的初始。先：据上下文及用词对应的情况，"先"字当作"上"字，这样"太极之上"对应下句"六极之下"，且不与"先天地"一句重复。

⑥ 六极：六合。

⑦ 豨（xī）韦氏：传说中的远古时代的帝王。

⑧ 挈（qiè）：提挈，有统领、驾驭的意思。

⑨ 伏戏氏：伏羲氏，传说中的古代帝王。

⑩ 袭：入。一说"合"。气母：元气之母，即古人心目中宇宙万物初始的物质。

⑪ 维斗：北斗星。

⑫ 忒（tè）：差错。

⑬ 堪坏（péi）：传说中人面兽身的昆仑山神。

⑭ 冯夷：传说中的河神。

⑮ 肩吾：传说中的泰山之神。

⑯ 黄帝：轩辕氏，传说中的古代帝王，中原各族的始祖。

⑰ 颛顼（zhuānxū）：传说为黄帝之孙，即帝高阳。玄：黑。颛顼又称玄帝，即北方之帝，"玄"为黑色，为北方之色，所以下句说"处玄宫"。

⑱ 禺强：传说中人面鸟身的北海之神。

⑲ 西王母：古代神话中的女神，居于少广山。

⑳ 五伯：旧指夏伯昆吾、殷伯大彭、豕韦，周伯齐桓、

晋文。

㉑傅说（yuè）：殷商时代的贤才，辅佐高宗武丁，成为武丁的相。传说傅说死后成了星精，故下句有"乘东维、骑箕尾"之说。

㉒奄：覆盖、包括。

㉓东维：星名，在箕星、尾星之间。箕、尾：星名，为二十八宿中的两个星座。

四 译文

"道"是真实存在而又确凿可信的，不断发挥作用，然而又是无影无形的；"道"可以永续相传却不可用语言来描述，可以领悟却不能看见；"道"自身就是本、就是根，还未出现天地的远古时代"道"就已经存在；它引出鬼帝，产生天地；它在太极之上却并不算高，它在六极之下不算深，它先于天地存在还不算久，它长于上古还不算老。狶韦氏得到它，用来统驭天地；伏羲氏得到它，用来调合元气；北斗星得到它，永远不会改变方位；太阳和月亮得到它，永远不停息地运行；堪坏得到它，用来入主昆仑山；冯夷得到它，用来巡游大江大河；肩吾得到它，用来驻守泰山；黄帝得到它，用来登上云天；颛顼得到它，用来居处玄宫；禺强得到它，用来立足北极；西王母得到它，用来坐阵少广山。没有人能知道它的开始，也没有人能知道它的终结。彭祖得到它，从远古的有虞时代一直活到五伯时代；傅说得到它，用来辅佐武丁，统辖整个天下，乘驾东维星，骑坐箕宿和尾宿，而永远排列在星神的行列里。

五　当代意义

《大宗师》中曾多次言称"造物者"，但这不同于西方宗教中的"上帝"。庄子笔下的"造物者"并没有具体的职责，它"有情有信，无为无形；可传而不可受，可得而不可见，自本自根，未有天地，自古以固存"，即是不能为人的感官所感知的超越时间空间的"道"。宇宙一切的现象，风雨雷电、春夏秋冬、生老病死都是道运化的结果。

第11节

一　原文

南伯子葵问乎女偊^①曰："子之年长矣，而色若孺子^②，何也？"

曰："吾闻道矣。"

南伯子葵曰："道可得学邪？"

曰："恶^③！恶可！子非其人也。夫卜梁倚有圣人之才而无圣人之道^④，我有圣人之道而无圣人之才。吾欲以教之，庶几^⑤其果为圣人乎！不然，以圣人之道告圣人之才，亦易矣。吾犹告而守^⑥之，三日而后能外天下；已外天下矣，吾又守之，七日而后能外物；已外^⑦物矣，吾又守之，九日而后能外生；已外生矣，而后能朝彻^⑧；朝彻，而后能见独^⑨；见独，而后能无古今；无古今，而后能入于不死不生。杀生者不死，生生者不生^⑩。其为物，无不将^⑪也，无不迎也，无不毁也，无不成也。其名为撄宁^⑫。撄宁也者，撄而后成者也。"

二　出场人物

南伯子葵　女偊　卜梁倚

三　注释

①南伯子葵、女偊（yǔ）：均为人名。旧注曾疑"南伯子葵"即"南郭子綦"。

②孺子：幼儿，孩童。

③恶（wū）：这里是批驳、否定对方的言辞，义同"不"。

④卜梁倚：人名。圣人之才：指明敏的、外用的才质。圣人之道：指虚淡内凝的心境。

⑤庶几：也许、大概。

⑥守：持守，修守，这里指内心凝寂，善于自持而不容懈怠。

⑦外：遗忘。"外"是相对于"内"的，思想上、精神上能凝寂虚空，身外之物，包括天地、死生都好像虚妄而不存在，故有以天下为外，以物为外，以生为外的说法。

⑧朝：指朝阳。彻：指明彻。朝彻：这里用早晨太阳初升时的清新明彻，喻指物我皆忘的凝寂空灵的心境。

⑨独：庄子哲学体系中的又一重要概念，指不受任何事物影响，也不对任何事物有所依侍。能够独立而无所依侍的就只有所谓的"道"，故这句中的"独"实际指的就是"道"。

⑩杀：灭除，含有摒弃、忘却之义。"杀生者"与下句"生生者"相对为文，分别指忘却生存和眷恋人世的人。

⑪将：送。

⑫撄（yīng）：扰乱。"撄宁"意思是不受外界事物的纷扰，保持心境的宁静。这是庄子所倡导的极高的修养境界，能够做到这一点也就得到了"道"，所以下一句说"撄而后成"。

四　译文

南伯子葵向女偊问道："你的岁数已经很大了，可是你的容颜却像孩童，这是什么缘故呢？"

女偊回答："我得'道'了。"

南伯子葵说："'道'可以学习吗？"

女偊回答说："不！不可以！你不是可以学习'道'的人。卜梁倚有圣人的才气却没有圣人的道，我有圣人的道却没有圣人的才气，我想传授他道的方法，也许他果真能成为圣人哩！然而修道并不是这样，把圣人的道告具有圣人才气的人，应是很容易的，但要真正得道并不容易。我还是持守着并告诉他，三天之后便能遗忘天下，既已遗忘天下，我又凝寂持守，七天之后能遗忘万物；既已遗忘外物，我又凝寂持守，九天之后便能遗忘自身的存在；既已遗忘存在的生命，而后心境便能如朝阳一般清新明彻；能够心境如朝阳般清新明彻，而后就能够感受那绝无所待的'道'了；既已感受了'道'，而后就能超越古今的时限；既已能够超越古今的时限，而后便进入无所谓生、无所谓死的境界。摒除了生

也就没有了死，留恋于生也就会有死。作为事物，'道'无
不有所送，也无不有所迎；无不有所毁，也无不有所成，这
就叫作'撄宁'。撄宁，意思就是万事万物总是先撄后宁，
先动后静，始于撄动，终于宁静。"

五　当代意义

怎么才能达到这种真人的境界呢？本节中庄子提出了七
个步骤，那就是：外天下、外物、外生、朝彻、见独、无古
今和不生不死。其实这是一个由外而内自我觉知的过程。其
实关于真人或者圣人，老子的《道德经》里面有非常多的描
述，"圣人"两个字，在短短的5000多字的《道德经》里面
出现了32次之多。比如老子说："是以圣人处无为之事，行
不言之教。""是以圣人去甚、去奢、去泰。""是以圣人不行
而知，不见而名，不为而成。"等。这是老子对道家思想中
圣人的阐释。虽然老子和庄子的表达方式不太一样，但是他
们总体的意境是类似的，圣人就是能够洞悉万物运行之道的
人，还能够接受和顺应这种规律的人。这就是庄子说的：知
天之所为，知人之所为者，至矣。

第12节

一　原文

南伯子葵曰："子独恶乎闻之？"

曰："闻诸副墨之子，副墨之子闻诸洛诵之孙，洛

诵之孙闻之瞻明，瞻明闻之聂许，聂许闻之需役，需役
闻之於讴，於讴闻之玄冥，玄冥闻之参寥，参寥闻之
疑始。"①

二　出场人物

南伯子葵　女偊

三　注释

①"副墨""洛诵""瞻明""聂许""需役""於（wū）
讴（ōu）""玄冥""参寥""疑始"等，均为假托的寓言人物
之名。曾有人就这些人名的用字做过推敲，揣度其间还含有
某些特殊的寓意，但均不能确考。"副墨"指文字，"洛诵"
指背诵，"瞻明"指目视明晰，"聂许"指附耳私语，"需役"
指勤行不怠，"於讴"指吟咏领会，"玄冥"指深远虚寂，
"参寥"指高旷寥远，"疑始"指迷茫而无所本。

四　译文

南伯子葵又问："你是怎么得'道'的呢？"

女偊又回答说："我从副墨（文字）的儿子那里听到的，
副墨的儿子从洛诵（背诵）的孙子那里听到的，洛诵的孙子
从瞻明（目视明晰）那里听到的，瞻明从聂许（附耳私语）
那里听到的，聂许从需役（勤行不怠）那里听到的，需役从
於讴（吟咏领会）那里听到的，於讴从玄冥（深远虚寂）那
里听到的，玄冥从参寥（高旷寥远）那里听到的，参寥从疑
始（迷茫而无所本）那里听到的。"

第 13 节

一 原文

子祀、子舆、子犁、子来 ① 四人相与语曰："孰能以无为首，以生为脊，以死为尻 ②；孰知死生存亡之一体者，吾与之友矣！"四人相视而笑，莫逆于心 ③，遂相与为友。俄而子舆有病，子祀往问 ④ 之。曰："伟哉，夫造物者将以予为此拘拘 ⑤ 也。"曲偻发背 ⑥，上有五管 ⑦，颐隐于齐 ⑧，肩高于顶，句赘 ⑨ 指天，阴阳之气有沴 ⑩，其心闲而无事，跰𨇪 ⑪ 而鉴于井，曰："嗟乎！夫造物者又将以予为此拘拘也。"

子祀曰："女恶 ⑫ 之乎？"

曰："亡 ⑬，予何恶！浸假 ⑭ 而化予之左臂以为鸡，予因以求时夜 ⑮；浸假而化予之右臂以为弹，予因以求鸮炙 ⑯；浸假而化予之尻以为轮，以神为马，予因以乘之，岂更驾 ⑰ 哉！且夫得者，时也；失者 ⑱，顺也。安时而处顺 ⑲，哀乐不能入也，此古之所谓县解 ⑳ 也，而不能自解者，物有结之。且夫物不胜天久矣，吾又何恶焉！"

二 出场人物

子祀　子舆　子犁　子来

三 注释

① 子祀、子舆、子犁、子来：寓言故事中假托虚构的人名。

②尻（kāo）：脊骨最下端，也泛指臀部。

③莫逆于心：内心相契，心照不宣。

④问：拜访、问候。

⑤拘拘：曲屈不伸的样子。

⑥曲偻（lóu）：弯腰。发背：背骨外露。

⑦五管：五脏的穴位。

⑧颐（yí）：下巴。齐：同"脐"，肚脐。

⑨句（gōu）赘：颈椎隆起状如赘瘤。

⑩沴（lì）：阳阳之气不和而生出的灾害。

⑪跰𬏪（piánxiān）：蹒跚，行步倾倒不稳的样子。

⑫恶（wù）：厌恶。

⑬亡：通"无"，"没有"的意思。

⑭浸：渐渐。假：假令。

⑮时夜：司夜，即报晓的公鸡。

⑯鸮（xiāo）：斑鸠。炙（zhì）：烤熟的肉。"鸮炙"即烤熟的斑鸠肉。

⑰更（gēng）：更换。驾：这里指车驾坐骑。

⑱得：指得到生命，与下句的"失"（表示死亡）相对应，"得""失"即生、死。

⑲时：适时。顺：指顺应了规律。

⑳县（xuán）：悬挂。"县解"即解脱倒悬。庄子认为人不能超脱物外，就像倒悬人一样其苦不堪，而超脱于物外则像解脱了束缚，七情六欲也就不再成为负担。

四 译文

子祀、子舆、子犁、子来四个人在一块议论说:"谁能够把无当作头,把生当作脊柱,把死当作尻尾;谁能够通晓生死存亡浑然一体的道理,我们就可以跟他交朋友。"四个人都会心地相视而笑,心意契合却不说话,于是相互交往成为朋友。不久子舆生了病,子祀前去探望他。子舆说:"伟大啊,造物者!把我变成如此曲屈不伸的样子!"腰弯背驼,五脏穴口朝上,下巴隐藏在肚脐之下,肩部高过头顶,弯曲的颈椎形如赘瘤朝天隆起。阴阳二气不和酿成如此灾害,可是子舆的心里却十分闲逸,好像没有生病似的,蹒跚地来到井边,对着井水照看自己,说:"哎呀,造物者竟把我变成如此曲屈不伸!"

子祀说:"你讨厌这曲屈不伸的样子吗?"

子舆回答:"没有,我怎么会讨厌这副样子!假令造物者逐渐把我的左臂变成公鸡,我便用它来报晓;假令造物者逐渐把我的右臂变成弹弓,我便用它来打斑鸠烤熟了吃;假令造物者把我的臀部变成车轮,把我的精神变成骏马,我就用来乘坐,难道还要更换别的车马吗?至于生命的获得,是因为适时;生命的丧失,是因为顺应。安于适时而处之顺应,悲哀和欢乐都不会侵入心房。这就是古人所说的解脱了倒悬之苦,然而不能自我解脱的原因,则是受到了外物的束缚。况且事物的变化不能超越自然的力量已经很久了,我又怎么能厌恶自己现在的变化呢?"

第14节

一　原文

俄而子来有病，喘喘然^①将死。其妻子环而泣之^②。子犁往问之，曰："叱^③！避！无怛化^④！"倚其户与之语曰："伟哉造化！又将奚以汝为？将奚以汝适？以汝为^⑤鼠肝乎？以汝为虫臂乎？"

子来曰："父母于子，东西南北，唯命之从。阴阳^⑥于人，不翅^⑦于父母。彼近吾死而我不听，我则悍矣，彼何罪焉？夫大块载我以形，劳我以生，佚我以老，息我以死。故善吾生者，乃所以善吾死也。今大冶铸金^⑧，金踊跃^⑨曰：'我且必为镆铘^⑩！'大冶必以为不祥^⑪之金。今一犯^⑫人之形而曰：'人耳！人耳！'夫造化者必以为不祥之人。今一以天地为大炉，以造化为大冶，恶乎往而不可哉！"成然寐^⑬，蘧然觉^⑭。

二　出场人物

子来　子来之妻　子犁　金（拟人化）

三　注释

① 喘喘然：气息急促的样子。

② 妻子：妻子儿女。环：绕。

③ 叱：呵斥之声。

④ 怛（dá）：惊扰。化：变化，这里指人之将死。

⑤ 为：这里是改变、造就的意思。

⑥阴阳：这里指整个自然变化。

⑦翅：这里作"啻"。"不翅"就是不啻。

⑧冶：熔炼金属。"大冶"指熔炼金属高超的工匠。金：金属。

⑨踊跃：跃起。

⑩镆铘：亦作"莫邪"，宝剑名。相传春秋时代干将、莫邪夫妇两人为楚王铸剑，三年剑成，雄剑取名为"干将"，雌剑取名为"莫邪"。

⑪祥：善。

⑫犯：遇，承受。

⑬成然：安闲熟睡的样子。寐：睡着，这里实指死亡。

⑭蘧（qú）然：惊喜的样子。觉：睡醒，这里喻指生还。

四 译文

不久，子来也生了病，气息急促将要死去，他的妻子儿女围在床前哭泣。子犁前往探望，说："嘿，走开！不要惊扰他由生而死的变化！"子犁靠着门跟子来说话："伟大啊，造物者！又将把你变成什么，把你送到何方？把你变成老鼠的肝脏吗？把你变成虫蚁的臂膀吗？"

子来说："父母对于子女，无论东西南北，他们都只能听从吩咐调遣。自然的变化对于人，则不啻父母。它使我靠拢死亡而我却不听从，那么我就太蛮横了，而它有什么过错呢？大地把我的形体托载，用生存来劳苦我，用衰老来使我安逸，用死亡来安息我。所以把我的存在看作好事，也因此可以把我的死亡看作好事。现在如果有一个高超的冶炼工匠铸造金属器皿，金属熔解后跃起说：'我将必须成为良剑镆铘'，冶炼工匠必定认为这是不吉祥的金属。如今人一旦承受了人的外形，便说：'成人了，成人了！'造物者一定会认为这是不吉祥的人。如今把整个浑一的天地当作大熔炉，把造物者当作高超的冶炼工匠，用什么方法来驱遣我而不可以呢？"于是安闲熟睡似的离开人世，又好像惊喜地醒过来而回到人间。

第 15 节

一 原文

子桑户、孟子反、子琴张①三人相与友，曰："孰能相与于无相与，相为于无相为？孰能登天游雾，挠挑无极②，相忘以生，无所穷终？"三人相视而笑，莫逆于心，遂相与为友。

莫然有间③而子桑户死，未葬。孔子闻之，使子贡往侍事④焉。或编曲，或鼓琴，相和而歌曰："嗟来桑户乎！嗟来桑户乎⑤！而已反其真⑥，而我犹为人猗⑦！"子贡趋而进曰："敢问临尸而歌，礼乎？"

二人相视而笑曰："是恶知礼意！"

二 出场人物

子桑户 孟子反 子琴张 孔子 子贡

三 注释

①子桑户、孟子反、子琴张：三人均为虚构人物。

②挑挑：循环升登。无极：这里指没有穷尽的太空。

③莫然有间（jiàn）：指相交淡漠。"莫然"即"漠然"。

④侍事：帮助办理丧事。

⑤嗟来：犹如"嗟乎"。

⑥而：你。反：返回。真：本真。"反其真"意思就是返归自然。

⑦猗（yī）：表示感叹语气。

四 译文

子桑户、孟子反、子琴张三人偶然相遇认识，一起谈话："谁能够相互交往于无心交往之中，相互有所帮助却像没有帮助一样？谁能登上高天巡游雾里，循环升登于无穷的太空，忘掉自己的存在，而永远没有终结和穷尽？"三人会心地相视而笑，心心相印于是相互结成好友。

没过多久，子桑户死了，还没有下葬。孔子知道了，派弟子子贡前去帮助料理丧事。孟子反和子琴张一个在编曲，一个在弹琴，相互应和着唱歌："哎呀，子桑户啊！哎呀，子桑户啊！你已经返归本真，可我们还因是活着的人而托载形骸呀！"子贡听了快步走到他们面前，说："我冒昧地请教，对着死人的尸体唱歌，这合乎礼仪吗？"

二人相视笑了笑说："你怎么会懂得'礼'的真实含意！"

第16节

一 原文

子贡反，以告孔子曰："彼何人者邪？① 修行无有，而外其形骸②，临尸而歌，颜色不变，无以命③之。彼何人者邪？"

孔子曰："彼游方④之外者也，而丘游方之内者也。外内不相及，而丘使女往吊之，丘则陋⑤矣！彼方且与造物者为人⑥，而游乎天地之一气⑦。彼以生为附赘县疣⑧，以死为决疣溃痈⑨。夫若然者，又恶知死生先后之所在！假⑩于异物，托于同体；忘其肝胆，遗其耳目；反复终始，不知端倪；芒然彷徨乎尘垢之外⑪，逍遥乎无为之业⑫。彼又恶能愦愦然⑬为世俗之礼，以观⑭众人之耳目哉！"

子贡曰："然则夫子何方⑮之依？"

孔子曰："丘，天之戮民也⑯。虽然，吾与汝共之。"

子贡曰："敢问其方？"

孔子曰："鱼相造⑰乎水，人相造乎道。相造乎水者，穿池而养给⑱；相造乎道者，无事而生定⑲。故曰：鱼相忘乎江湖，人相忘乎道术。"

子贡曰："敢问畸人⑳？"

曰："畸人者，畸于人而侔㉑于天。故曰：天之小人，人之君子；人之君子，天之小人也。"

二 出场人物

孔子　子贡　畸人

三 注释

① 修行：培养自己的德行。

② 外其形骸：以其形骸为外，把自身的形骸置之度外，意思是不把死亡当作一件大事。

③ 命：名，称述。

④ 方：方域，指人类生活的空间。

⑤ 陋：浅薄，见识不广。

⑥ 为人：相互作为伴侣。

⑦ 一气：元气。

⑧ 县（xuán）：悬。疣（yóu）：同"瘤"。"附赘县疣"喻指多余的东西。

⑨ 疣（huàn）、痈（yōng）：均为毒疮。"决疣溃痈"指毒疮化浓而破溃。

⑩ 假：凭藉。

⑪ 芒然：同"茫然"。尘垢：这里喻指人世。

⑫ 无为之业：无所作为的境界。

⑬ 愦愦（kuì）然：烦乱的样子。

⑭ 观：显示。

⑮ 方：方术，准则。

⑯ 戮：刑戮。"天之戮民"意思是摆脱不了方内束缚的人。

⑰ 造：往，适。

⑱ 给：足。"养给"即给养充裕。

⑲ 生：通"性"。"生定"即性情平静安适。一说"定"字为"足"字之误，"生定"则是心性自足之义。

⑳ 畸（jī）人：奇异的人，这里指不合于世俗的人。

㉑ 侔（móu）：齐同。

四 译文

子贡回来后把见到的情况告诉给孔子，说："他们都是些什么样的人呢？不看重德行的培养而没有礼仪，把自身的形骸置之度外，面对死尸还要唱歌，容颜和脸色一点也不改变，没有什么办法可以用来称述他们。他们究竟是些什么样的人呢？"

孔子说："他们都是些摆脱礼仪约束而逍遥于人世之外的人，我却是生活在具体的世俗环境中的人。人世之外和人世之内彼此不相干涉，可是我却让你前去吊唁，我实在是浅薄呀！他们正跟造物者结为伴侣，而逍遥于天地浑一的元气之中。他们把人的生命看作像赘瘤一样多余，他们把人的死亡看作毒痈化脓后的溃破，像这样的人，又怎么会顾及生死优劣的存在！凭借各个不同的物类，但最终寄托于同一的整体；忘掉了体内的肝胆，也忘掉了体外的耳目；无尽地反复着终结和开始，但从不知道它们的头绪；茫茫然彷徨于人世之外，逍遥自在地生活在无所作为的环境中。他们又怎么会遵照世俗的礼仪，而在乎众人的看法和议论呢！"

子贡说："如此，那么先生将遵循什么准则呢？"

孔子说："我孔丘，乃是没有摆脱俗世束缚的人。即使这样，我仍将跟你们一道去竭力追求至高无上的'道'"。

子贡问："请问追求'道'的方法。"

孔子回答："鱼争相投水，人争相求道。争相投水的鱼，掘地成池便给养充裕；争相求道的人，漠然无所作为便心性平适。所以说，鱼相忘于江湖里，人相忘于道术中。"

子贡说："再冒昧地请教'畸人'的问题。"

孔子回答："所谓'畸人'，就是不同于世俗而又合乎于自然的人。所以说，不合乎自然之道的人在天看来就是小人，而用俗世的眼光看却是人世间的君子；我们俗世认为的君子，用道的准则来衡量却是小人。"

五　当代意义

在这节里面庄子首次提出了儒家思想和道家思想的一个根本差异，那就是入世和出世的差异。庄子借用孔子的话，首次提出了道家思想的出世哲学和儒家思想的入世哲学。什么是出世，什么是入世呢？儒家学说是社会组织的哲学，所以也是日常生活的哲学。儒家思想强调人的社会责任，但道家强调人的内部的自然自发的东西。我们常常说孔子重"名教"，而老庄重"自然"，这是中国哲学的两种趋势。那这两种趋势彼此是对立的，但是又相互补充。这两种思想好像有一种力量的平衡，使中国人对入世和出世有良好的平衡感。冯友兰说，在公元前的三四世纪，有些道家的人试图使道家更加接近于儒家，在 11 世纪和 12 世纪的时候，有些儒家的人试图使儒家更接近于道家。我们把这些道家的人称为新道教，要把这些儒家的人称为新儒家，那正是这两种运动使中国哲学既入世又出世。

第17节

一 原文

颜回问仲尼曰："孟孙才^①，其母死，哭泣无涕^②，中心不戚^③，居丧不哀。无是三者^④，以善处丧盖^⑤鲁国，固^⑥有无其实而得其名者乎？回壹^⑦怪之。"

仲尼曰："夫孟孙氏尽之矣，进^⑧于知矣，唯简之而不得，夫^⑨已有所简矣。孟孙氏不知所以生，不知所以死。不知就先^⑩，不知就后。若化^⑪为物，以待其所不知之化已乎。且方将化，恶知不化哉？方将不化，恶知已化哉？吾特与汝，其梦未始觉者邪！且彼有骇形而无损心^⑫，有旦宅而无情死^⑬。孟孙氏特觉，人哭亦哭，是自其所以乃^⑭。且也相与'吾之'耳矣，庸讵知吾所谓'吾之'乎？且汝梦为鸟而厉^⑮乎天，梦为鱼而没于渊。不识今之言者，其觉者乎？其梦者乎？造适^⑯不及笑，献笑不及排^⑰，安排而去化^⑱，乃入于寥^⑲天一。"

二 出场人物

颜回 仲尼 孟孙才

三 注释

①孟孙才：人名，复姓孟孙。
②涕：泪水。
③中心：心中。戚：悲痛。
④三者：指上述"哭泣无涕""中心不戚""居丧不哀"

的三种表现。

⑤盖：覆。

⑥固：竟，难道。

⑦壹：实在，确实。

⑧进：胜，超过。

⑨夫：这里代指孟孙才。

⑩就：趋近，追求。先：这里实指"生"，与下句"后"（指"死"）相应。

⑪若：顺。"若化"即顺应自然变化。

⑫骇形：指人死之后形体必有惊人的改变。心：精神。"损心"指情绪悲哀损伤心神。

⑬旦：日新，朝夕改变的意思。宅：这里喻指精神的寓所，即人的躯体。情死：真实的死亡。

⑭乃：如此。

⑮厉：通"戾"，至、往的意思，这里实指鸟的飞翔。

⑯造：达到。适：快意。

⑰献：发。一说"献"通"戏"，"献笑"亦即戏笑。排：排解，消泄。

⑱安排：安于自然的推移。去化：忘却死亡的变化。

⑲寥：寂寥，虚空。

四　译文

颜回请教孔子说："孟孙才这个人，他的母亲死了，哭泣时没有一滴眼泪，心中不觉悲伤，居丧时也不哀痛。这三个方面没有任何悲哀的表现，可是却因善于处理丧事而名扬鲁国。难道真会有无其实而有其名的情况吗？颜回实在觉得奇怪。"

孔子说："孟孙才处理丧事的做法确实是尽善尽美了，大大超过了懂得丧葬礼仪的人。人们总希望从简治丧，却不能办到，而孟孙才已经做到从简办理丧事了。孟孙才不过问人因为什么而生，也不去探寻人因为什么而死；不去探究生前是什么样，也不去探究死后是什么样；他顺应自然的变化而成为他应该变成的物类，以等待那些自己所不知晓的变化！况且在即将出现变化之前，你怎么知道不变化呢？即将不再发生变化，又怎么知道已经有了变化呢！只有我和你呀，才是做梦似的没有一点儿觉醒的人呢！那些死去了的人自身形骸出现很大的变化却无损于他们的精神，犹如精神的寓所朝夕改变却并不是精神的真正死亡。唯独孟孙才觉醒，但又不愿标新立异，所以按世俗礼仪，亲人死了，都要哭的，他也跟着哭，显得合时宜而已。哭而不哀痛，泣而无眼泪，那是自然的。况且人们交往总借助形骸而称述自我，又怎么知道我所称述的躯体一定就是我呢？而且你梦中变成鸟便振翅直飞蓝天，你梦中变成鱼便摇尾潜入深渊。不知道今天我们说话的人，算是醒悟的人呢，还是做梦的人呢？心境快适却来不及笑出声音，表露快意发出笑声却来不及排解和消泄，安于自然的推移而且忘却死亡的变化，于是就进入到寂寥虚空的自然而浑然为一体。"

五　当代意义

刻意为仁义，刻意分是非，都不是得道的表现。庄子寻求的是优游自在的心灵感受，既非拘泥伦理，亦非麻木不仁。现实中，我们过于压抑自己的天性，反而得不偿失。

第18节

一 原文

意而子^①见许由，许由曰："尧何以资^②汝？"

意而子曰："尧谓我：'汝必躬服^③仁义而明言是非。'"

许由曰："而奚来为轵^④？夫尧既已黥^⑤汝以仁义，而劓^⑥汝以是非矣。汝将何以游夫遥荡恣睢转徙之涂乎^⑦？"

意而子曰："虽然，吾愿游于其藩^⑧。"

许由曰："不然。夫盲者无以与^⑨乎眉目颜色之好，瞽者无以与乎青黄黼黻之观^⑩。"

意而子曰："夫无庄^⑪之失其美，据梁之失^⑫其力，黄帝之亡其知，皆在炉捶^⑬之间耳。庸讵知夫造物者之不息^⑭我黥而补我劓，使我乘成^⑮以随先生邪？"

许由曰："噫！未可知也。我为汝言其大略：吾师^⑯乎！吾师乎！齑万物而不为义，泽^⑰及万世而不为仁，长于上古而不为老，覆载天地、刻雕众形而不为巧。此所游已！

二 出场人物

意而子 许由 尧 无庄 据梁 黄帝

三 注释

① 意而子：虚构人物。

② 资：给予。

③ 躬服：亲身实践，身体力行。

④ 而：你。轵（zhǐ）：通"只"，句末语气词。

⑤ 黥（qíng）：古代的一种刑法，用刀在受刑人的额上刺刻，而后以墨涂之。

⑥ 劓（yì）：古代的一种刑法，割去了受刑人的鼻子。

⑦ 遥荡：逍遥放荡。恣睢：放任不拘。转徙：辗转变化。途：道路。

⑧ 藩：篱笆，这里喻指受到一定约束的境域。

⑨ 与：赞许、赏鉴。下句同此解。

⑩ 瞽（gǔ）：眼瞎。一般地说，"盲者""瞽者"都指盲人，细分之，"盲"指有眼无珠，"瞽"指眼瞎而无视力。黼（fǔ）黻（fú）：古代礼服上绣制的花纹。

⑪ 无庄：虚构的古代美人之名，寓含不装饰的意思。传说她闻道之后不再装饰而自忘其美。

⑫ 据梁：虚构的古代勇夫之名，寓含强梁之意。亡：丢失，忘却。

⑬ 炉捶：冶炼锻打，这里喻指得到"道"的熏陶而回归本真。

⑭ 息：养息。

⑮ 乘：载。成：备。"乘成"的意思就是，托载精神的身躯不再残缺。

⑯ 师：这里实指"道"。

⑰泽：恩泽。

四　译文

意而子拜见许由寻求得道之法。许由说："尧传授什么东西给你了？"

意而子说："尧对我说：'你一定得亲身实践仁义并明白无误地阐明是非'。"

许由说："你怎么还要来我这里呢？仁义相当于黥刑，尧已经用仁义在你的额上刻下了印记，是非相当于劓刑，尧又用是非割下了你的鼻子，那你怎么还能逍遥自得，顺应变化，皈依大道呢！"

意而子说："虽然这样，我能在大道边边上走一走也好。请老师收下我吧。"

许由说："不是这样啊。盲人没法跟他观赏娇好的眉目和容颜，瞎子没法跟他赏鉴礼服上各种不同颜色的花纹。"

意而子说："无庄不再打扮，忘掉自己的美丽，据梁不再逞强，忘掉自己的勇力，黄帝闻道之后忘掉自己的智慧，他们都因为经过了道的冶炼和锻打。他们能改造好，独有我不能回炉重新锻炼吗？怎么知道那造物者不会养息我受黥刑的伤痕和补全我受劓刑所残缺的鼻子，使我得以保全托载精神的身躯而跟随先生呢？"

许由说："唉！确实不能断言。那我就先给你说个大概吧。道是我伟大的宗师啊！我伟大的宗师啊！把万物碎成粉末不是为了某种道义，把恩泽施于万世不是出于仁义，长于上古不算老，回天载地、雕创众物之形也不算技巧。这就进入道的境界了。"

六　当代意义

"黥汝以仁义，而劓汝以是非"，使我们蒙蔽双眸，无法认清万物本源。而那些体悟得道，不为俗念所累者，却往往被视为不食人间烟火，不懂人情世故，称为"方外之人"。他们的言行、意识在众人中显得如此突兀、不可理解，就好像总是"芒然彷徨乎尘垢之外，逍遥乎无为之业"。庄子冷眼旁观，又进一步阐述了："天之小人，人之君子；人之君子，天之小人也。"这句话中包含着深刻的寓意！

第19节

一　原文

颜回曰："回益①矣。"

仲尼曰："何谓也？"

曰："回忘仁义矣。"

曰："可矣，犹未也。"

他日复见，曰："回益矣。"

曰："何谓也？"

曰："回忘礼乐矣！"

曰："可矣，犹未也。"

他日复见，曰："回益矣！"

曰："何谓也？"

曰："回坐忘②矣。"

仲尼蹴然③曰："何谓坐忘？"

颜回曰："堕④肢体，黜⑤聪明，离形去⑥知，同于大通，此谓坐忘。"

仲尼曰："同则无好也，化则无常也⑦。而果其贤乎！丘也请从而后也。"

二　出场人物

颜回　仲尼

三　注释

① 益：多，增加，进步。

② 坐忘：端坐静心而物我两忘。

③ 蹴（cù）然：惊奇不安的样子。

④ 堕：毁废。

⑤ 黜（chù）：退除。

⑥ 去：抛弃。

⑦ 无常：不执滞于常理。

四　译文

颜回说："我进步了。"

孔子问道："你的进步指的是什么？"

颜回说："我已经忘却仁义了。"

孔子说:"好哇,不过还不够。"

过了几天,颜回再次拜见孔子,说:"我又进步了。"

孔子问:"你的进步指的是什么?"

颜回说:"我忘却礼乐了。"

孔子说:"好哇,不过还不够。"

过了几天,颜回又再次拜见孔子,说:"我又进步了。"

孔子问:"你的进步指的是什么?"

颜回说:"我'坐忘'了"。

孔子惊奇不安地问:"什么叫'坐忘'?"

颜回答道:"不但忘了外物的存在,我连自身的存在也暂忘了。停用肢体,关闭耳目,灵魂脱离躯壳,心境扫除思维,同大道保持一致,这就是我说的坐忘。"

孔子说:"与万物同一就没有偏好,顺应变化就不执滞常理。你果真成了贤人啊!我作为老师也希望能跟随学习而步你的后尘。"

五　当代意义

本节以颜回修道的经历再一次验证并阐述了得道过程的七个步骤:外天下、外物、外生、朝彻、见独、无古今和不生不死。它启示我们,只要按照道的要求去做,"以刑为体,以礼为翼,以知为时,以德为循",我们都可能成为"真人"。

第20节

一　原文

子舆与子桑友。而霖雨①十日，子舆曰："子桑殆病矣②！"裹饭而往食之③。至子桑之门，则若歌若哭，鼓琴④曰："父邪？母邪？天乎？人乎？"有不任其声而趋举其诗焉⑤。

子舆入，曰："子之歌诗，何故若是？"

曰："吾思夫使我至此极者而弗得也。父母岂欲吾贫哉？天无私覆；地无私载，天地岂私贫我哉？求其为之者而不得也。然而至此极者，命也夫！"

二　出场人物

子舆　子桑友

三　注释

①霖：阴雨三日以上。"霖雨"即连绵不断地下雨。

②殆：恐怕，大概。病：困乏潦倒。

③裹饭：用东西包着饭食。食之：给他吃。"食"字旧读去声。

④鼓琴：弹琴。

⑤任：堪。"不任其声"是说声音衰微，禁不住内心感情的表达。趋：急促。"趋举其诗"是说急促地吐露出歌词。

四　译文

子舆和子桑是好朋友，连绵的阴雨下了十日，子舆说："子桑恐怕已经困乏而饿倒。"便包着饭食前去给他吃。来到子桑门前，就听见子桑好像在唱歌，又好像在哭泣，而且还弹着琴："是父亲呢？还是母亲呢？是天呢？还是人呢？"声音微弱好像禁不住感情的表达，急促地吐露着歌词。

子舆走进屋子说："你歌唱的诗词，为什么像这样？"

子桑回答说："我在探寻使我达到如此极度困乏和窘迫的人，然而没有找到。父母难道会希望我贫困吗？苍天没有偏私地覆盖着整个大地，大地没有偏私地托载着所有生灵，天地难道会单单让我贫困吗？寻找使我贫困的东西，可是我没能找到。然而已经达到如此极度的困乏，还是'命'啊！"

五　当代意义

本节中庄子又进一步阐述了"死生，命也，其有夜旦之常，天也。"的规律，说明一切都由"命"所安排，即非人为之力所安排。我们应安时顺命，便心无烦念。

经典成语

1.终其天年

【释义】终：竟，尽。天年：指自然的寿数。过完应有的寿数。指寿长而善终。

2.相呴以湿

【释义】彼此以呼出的气湿润对方。后比喻在困难时以微小的力量，竭力互相帮助。

【出自】《庄子·大宗师》："泉涸，鱼相与处于陆，相呴以湿，相濡以沫。"成玄英疏："呴气相湿。"

3.相濡以沫

【释义】濡：沾湿。沫：唾沫。泉水干涸，鱼儿以口沫互相润湿。比喻同处困境，相互救助。也作濡沫涸辙、以沫相濡。

【出自】《庄子·大宗师》："泉涸，鱼相与处于陆，相呴以湿，相濡以沫。"

4.善始善终

【释义】美好的开始，圆满的结局。形容办事认真。

【出自】《庄子·大宗师》："故圣人将游于物之所不得遁

而皆存。善妖善老，善始善终，人犹效之。"

5. 莫逆之交

【释义】莫逆：没有抵触，感情融洽。交：交往，友谊。指心意相投、至好无嫌的朋友。

【出自】《庄子·大宗师》："子祀、子舆、子犁、子来……四人相视而笑，莫逆于心，遂相与为友。"

6. 不知端倪

【释义】端倪：头绪。不知头绪。

【出自】《庄子·大宗师》："反复终始，不知端倪。"

7. 方外之人

【释义】方外：世外。原指言行超脱于世俗礼教之外的人。后指僧道等出家人。

【出自】《庄子·大宗师》："彼游方之外者也。"

8. 附赘悬疣

【释义】比喻多余无用的东西。也作"悬疣附赘"

【出自】《庄子·大宗师》："彼以生为附赘县疣。"

9. 息黥补劓

【释义】黥：刺面，古代刑罚。劓：割鼻，古代刑罚。指修整面容残缺，恢复本来面目。后用以比喻改过自新。

【出自】《庄子·大宗师》："……庸讵知夫造物者之不息我黥而补我劓，使我乘成以随先生邪？"

应帝王

导　读

全篇大体分为七个部分。

第一部分表达了蒲衣子讲解合格的、理想的为政者，是听任人之所为，从不堕入物我两分的困境中的帝王。

第二部分表达了管理国家需要制定各种行为规范，管理层面的为政者无须多事，也不要去做强人所难的事情。

第三部分表达了"无为而治"，即"顺物自然而无容私焉"的主张。

第四部分表达了百姓期盼的"明王"之治，即"使物自喜""化贷万物"的无为之治的方法。

第五部分表达了"一以是终"，通过神巫给得道的壶子看相的故事，说明只有"虚"而"藏"才能不为人所算计，含蓄地指出了为政也得虚己而顺义的道理。

第六部分表达了"故能胜物而不伤"，强调了为政的清明，应像镜子那样，来者就照，去者不留，"胜物"而又"不伤"的威严精神。

第七部分表达了浑沌在受到人为的伤害后，失去了本真而死去的故事，寓言故事指出了有为之政祸害无穷。全篇以这七个故事，表达了庄子无为而治的政治主张。

《应帝王》以寓言形式讨论了帝王如何治理天下的方法经验，共有7节，除第6节文体有议论文特征外，其他均为虚构的寓言故事文体。本篇从不同的角度论述了为政者应当顺应自然、为政当无为而治的主要思想。

庄子以严谨科学的学习研究精神，传承了老子的哲学思想，即"道""德""经"，并以"人与自然规律，即道""人与社会秩序，即德""人与人和谐交流，即经"，实现了三大逻辑化关系的传承研究，并且全书一以贯之。

（一）无为

无为出自老子《道德经》："道常无为而无不为（第三十七章）"。笔者分析其含义："人要遵循自然规律，顺应自然的运行（道，就是人与自然关系）；人不要去干预自然运行规律，不去做不该干的事（常无为，就是人与社会秩序关系）；但人也不能长期不做事情，必须去干事业，那么就必须做正能量的事情（而无不为，就是人与人和谐生活关系）"。

其中，作为自然的"人"与作为社会的"人"，还要非常明确在自然与社会环境中，人只是一部分的自我存在，要遵循自然规律和人类生存基本逻辑顺序，去做该做的事（无不为）。

（二）作为

借蒲衣子之口，道出理想中的帝王：安闲自得，超然物外，品德纯真，不以仁义特意去结识人心。

借狂接舆之口，指出"君人者以己出经式义度""是欺德"的行为，批评了统治者，仅凭个人意志制定法律的独裁行径，并指出圣人治理天下，不靠法律绳之于外，而是"正而后行"，即自身正气，正而后化行天下。

天根向无名人询问治理国家的方法问题，通过无名人的答话，表达了两层意思。一是对提问的鄙视和厌恶，认为抱有治理天下之心的人，没有认识治理的含义，正是乱天下的祸根；二是如果让天下得到了治理，治理者必须"顺物自然而无容私焉"。

通过阳子居与老聃的对话，讨论何为明王之治的方法。指出真正的圣明之王，应当做到"功盖天下而似不自己，化贷万物而民弗恃"，也就是勤勉致力，从不居功，光明磊落，从不自傲；治理国家，就是让万物各得其所，而自立于虚无的境地。

讲述神巫给壶子看相的故事，这是一段精美绝妙的文学作品，不仅人物故事情节跌宕起伏、变化莫测；而且创编的词语表达丰富、寓意深刻，如"地文""天壤""杜德机""衡气机""太冲莫胜"之类的优美广结宇宙的词语。词语安排，从表面看来与治国理政无关，但其含义正是为政者必修之路，说明虚己无为、随物顺化，民心归一，天下太平的局面，即百姓自安，天下自定。

明确指出作为一个道德齐修的明王，达到智慧与豁达的心性境界，即不被荣誉昏头，不用阴谋诡计，不强责难为人的各种事情，不玩伎俩；用心若镜，不送不迎，应照却不存留，固守虚寂无为的心境，所以超脱物外而又不被外物所欺辱伤害。

（三）告诫

本篇既是对前文的总结，也是结束全篇的后记，主要是对帝王的告诫。但是庄子，著书意犹未尽，于是乘其余兴正浓，又续写了本节警示后人的告诫，即"德"的修炼方法，将其一生传导的"人与自然管理规律，人与社会生活秩序，人与人和谐平等相处"三大人类命运共同体的生存法则，无私贡献给了应帝王，即未来的国家统治者。

回味庄子精美绝妙文字，用疾速之意的"儵""忽"二字，比喻治国安邦的大有作为的帝王；用纯朴自然、胸怀坦荡的未曾开发之意的"浑沌"帝王，比喻无私奉献、承受危害却不予争执的无为之帝；有为之帝为了感谢天赐生命和引导来报恩，让无为之帝与众生一样具有"视听食息味动语"的七窍灵心，结果成了"日凿一窍，七日而浑沌死"的大事件。此故事告诫后人，牢记"经"的历史教训，管理好人的欲望。

从关系生死存亡的生态环境的角度，回答了帝王从政，应当必须关注解决以无用为用（人与自然）、无功为功（人与社会秩序）、无为而治（人与人智慧公平）的重大应用现实问题。

庄子以此独特的写作文笔，借天地之间的多种生机灵玉、鱼鸟麋鹿、毛嫱丽姬来彰显遵守天空地海、万物世界的生存法则，同时指出未来帝王必须了解历史、学习历史、不忘历史，才能够管理治理好国家的方法。

以此来看，后人读懂了庄子，依然可以成为震撼人类的玻璃之心。后人谨慎的敬畏自然、敬畏生命、和善待人，就是思想家庄子的初衷。

　　《应帝王》是《庄子·内篇》的最后一篇。庄子用"应帝王"来命名本篇，笔者依据庄子所在的时代和生活环境，得出"应帝王"的含义，就是今天的应用对策研究：应，及时快速呼应、回应、回答、咨询等含义；帝王，即指国家最高领导者，即统治者、旧时称皇帝、皇上。整个篇名"应帝王"，用现代语来讲，即"关于回答最高统治者（皇帝）关心的问题"。

第 1 节

一　原文

　　啮缺问于王倪，四问而四不知。啮缺因跃而大喜，行以告蒲衣子。蒲衣子曰："而乃今知之乎？有虞氏①不及泰氏。有虞氏其犹藏仁以要人，亦得人矣，而未始出于非人。泰氏②其卧徐徐，其觉于于。一以己为马，一以己为牛。其知情信，其德甚真，而未始入于非人。"

二　出场人物

啮缺　王倪　蒲衣子

三　注释

　　①有虞氏：远古舜帝有一个称号叫有虞氏，所以舜帝又被称为虞舜。大禹治水有功，于是舜帝将帝位禅让给大禹，

大禹于是就把舜帝的儿子封在虞这个地方，并且建立了虞国，他的子孙于是就将虞作为自己的姓，称为虞姓。

②泰氏：周文王姓姬名昌，这里所指泰姓显然是黄帝后裔。

四 译文

啮缺向王倪提问，连提了四个问题，王倪都回答说他不知道。啮缺因此欢喜雀跃，就把这情况告诉了蒲衣子（上古贤人）。

蒲衣子对王倪说："你到了今天才知道啮缺是什么人吗？是智慧之人？还是知道一切而装作不知道呢，或者说一切不知道。现在你所清楚明白的：为什么有虞氏比不上泰氏。有虞氏，这件事情，完全说明了如何用善人之心，以他功德之行来表达对人与功德事业所怀有的诚实仁义之心，以此告诉天下并获取人们的拥戴及支持和谐环境；他的所作所为和政绩的确获得了人们的支持、赢得了人心，但他的行事和实现目标存在着利用人们追逐功利之心的思想，未能超然物外。

至于说到泰氏，则睡觉时，睡得安稳香甜（泰氏与自然关系）；清醒时，自由自在（泰氏与社会关系）；任凭其他人把他看作马，或者把他看作牛（人与人关系），都没有任何影响。他要告诉别人的事情，一定存在或者非常确信（论证分析与实事求是）；他说，他心里是怎样想的（调查研究与规划设计），事情就是怎样干的（遵守规矩与实干建设），就是诚恳对待（人必须敬畏自然）、诚信无欺（人必须遵守社会规则）；而他的思想和行事风格绝对不是利用人们的功利之心去实现（必须实现遵守人与人平等公平和互利共赢的生存法则）。"

五　当代意义

庄子借此喻指"人与人、人与社会、人与自然"精准的哲学关系。以身怀绝技的大海之鱼与天空之鸟、陆地美丽麋鹿与当时越国之美女毛嫱、骊姬的美丽人体生命关系，构建了宇宙万物命运共同体之间和谐生活的美丽图景，也就是人类世界观。

庄子在此巧妙总结了"人与自然、人与社会、人与人"融合生活关系，指出长期和谐生存的人类命运共同体，必须要有好的生态环境，即人类必须坚持保护自然生态环境、合理适度开发利用生态资源的原则。

第2节

一　原文

肩吾见狂接舆。狂接舆曰："日中始何以语女 ① ？"

肩吾曰："告我，君人者 ② 以己出经式义度 ③ ，人孰敢不听而化诸！"

狂接舆曰："是欺德也。其于治天下也，犹涉海凿河，而使蚊负山也。夫圣人之治也，治外乎？正而后行，确乎能其事者而已矣。且鸟高飞以避矰弋 ④ 之害，鼷鼠深穴乎神丘之下以避熏凿之患 ⑤ ，而曾二虫之无知？"

二 出场人物

肩吾　狂接舆　日中始

三 注释

① 语女：告诉你。

② 君人者：作君主的人，"君"为动词。

③ 经式义度：四者都属法度。

④ 矰弋（zēng yì）：捕鸟的器具。

⑤ 鼷（xī）鼠：小鼠。熏凿：烟熏和挖掘。

四 译文

肩吾见到了狂接舆，接舆问肩吾："日中始对你说了些什么？"

肩吾回答说："他告诉我，一个国家的君主，如果亲自制定治理国家的法规制度政策政令，人们谁敢不听从，谁敢不遵照执行呢！"〔即人与人（国君与民众）管理治理关系〕

狂接舆接着说："完全是骗人的鬼话，以这种方法观点治理天下，就像为了渡过大海，要开钻一条河，让蚊子去背一架大山一样。圣人国君治理国家，难道是以法律制度来管治民众的外在行为表现吗？国君必须先行端正自己的思想品德，然后才能够实现实施治理国家目标，难道不是逐步实现并指派有能力的人施政治理国家了吗？（即人与社会综合治理关系）比如，鸟儿还会高飞空中，以防落入猎人布下的鸟网或被弓箭射中；鼷鼠都会打洞做窝，在社坛之下的深处躲避，以免被人熏挖打死；民众难道还比不上这两种小动物，能够说鸟和鼠都无知吗（即人与自然平衡治理关系）?"

五　当代意义

指出圣君明主实施治国理政，采取的方法是"人与人的无为之治的高尚情操和心系民众的关系，即得民心者得天下；不要去破坏人与社会和谐秩序关系，即人人遵守的公平法度规定；坚守不违反不破坏自然规律的本性，即人与自然相适应的开发利益关系"。

第 3 节

一　原文

天根^①游于殷阳，至蓼水^②之上，适遭无名人^③而问焉，曰："请问为^④天下。"

无名人曰："去！汝鄙人也，何问之不豫^⑤也！予方将与造物者为人，厌则又乘夫莽眇之鸟，以出六极之外，而游无何有之乡，以处圹埌之野^⑥。汝又何帛^⑦以治天下感予之心为?"

又复问，无名人曰："汝游心于淡，合气于漠，顺物自然而无容私焉，而天下治矣。"

二　出场人物

天根　无名人

三　注释

①天根：虚拟人物，代理君主考察。

②蓼（liǎo）水：虚拟水名。

③无名人：虚拟人物。

④为：治，治理。

⑤不豫：不悦，不快。

⑥圹埌（kuàng làng）：空旷辽阔。

⑦帠（yì）：疑为"叚"。"何叚"犹"何假""何暇"。

四　译文

天根来到了殷阳这个地方，是以旅游兼考察为理由的，来到了魅力无穷的蓼水河边观景的时候，幸会遇见了无名人，两人走到一起。天根就向无名人请教说："请问先生，当今该如何治理天下？"

无名人却毫不客气地回答说："一边去！你这个庸俗鄙陋之人（意思是不该你来问这个问题），今天为什么来问我这个令人不痛快的问题？我正准备按造物者的设计规划，去四处旅游，了解世外的为什么。我要去做到这一切，就再乘着虚无缥缈之鸟，飞往天地四海之外，到一无所有的地方之乡去游历看一看，然后就在那魅力无穷的广阔旷野里短暂休息，你为什么又要拿出这个如何治理天下的问题，来搅乱我的美好心情呢？

天根（很失望）就再次询问。无名人静下心来回答说："你的问题是首先要心神宁静和和控制欲望；对身边周围的一切都淡漠且无动于衷，遇到事情必须顺随它的自然本性去发展；要合理解决，不要掺杂你个人的思想偏见和形成的主观成见，你就会看到天下达到大治了。"

五　当代意义

本节是严谨的"治道"的政论文典范之一。国君要治国理政，必须要解决人与人的思想问题，即"汝游心于淡"；必须解决人与社会安宁的环境问题，即具有修养的人与社会生活、和谐环境融为一体，而人不追逐利诱，即"合气于漠"；必须解决人与自然规律的意识问题，即遵守人与自然规律生存的方法，即"顺物自然而无容私焉"。最终达到"而天下治矣"的国泰民安目标。

第4节

一　原文

阳子居①见老聃，曰："有人于此，向疾强梁②，物彻疏明③，学道不倦，如是者，可比明王乎？"

老聃曰："是於圣人也，胥易④技系，劳形怵心者也。且也虎豹之文来田，猨狙之便来藉。如是者，可比明王乎？"

阳子居蹴然曰："敢问明王之治。"

老聃曰："明王之治：功盖天下而似不自己，化贷万物而民弗恃⑤；有莫举名，使物自喜。立乎不测，而游于无有者也。"

二 出场人物

阳子居 老聃 胥 易

三 注释

① 阳子居：虚拟人物。

② 疾：快速。强梁：强悍果断。

③ 物彻：观察事物透彻。疏明：疏通明白。

④ 胥：有才华的小吏。易：掌管占卜的小官。

⑤ 恃：依赖。

四 译文

阳子居前去面见智慧者老聃，问道："假如有一个智慧的人，思维清楚并且十分敏捷，语言表达清楚并且思想意义非常明白，况且面对所有的人与事物具有敏锐的洞察力，而且善于学习、遵循规律、修养道德、精于业绩、勤勉不倦怠。如果这个人能够做了国君，是否就可以讲能力超越圣明的国王呢？"

老聃说："这种人，如果在圣人眼里来看，只能说是有才华的人，比如说胥，他具有担任小官吏的技能，干好自己的职能工作和精于训练捕抓贼盗和工笔记事技艺才华的人；比如说易，却是习惯于劳累身体生活的现状职守，掌管占卜的问事祭祀，担心战乱等灾害降临。就像虎豹身上的花纹，怕会有猎人来捕杀它，猿猴的动作敏捷，怕会有人用绳索来设套捕抓它。像这样具有专业技术技艺才能的小官员们，是不能够快速成为圣人君王的。"

阳子居听后非常惭愧，就又问："那么请问，圣明之王治理天下的方法策略有哪些？"

老聃说："圣明之王治理国家，就是其功盖天下自己却不知有功，他的辛苦贡献所有功劳就像是与自己无关（人与人的关系，即帝王与百姓之间关系，无怨无悔，爱民如子）；他以战止战、以身作则、教化民众并带给民众实惠需要，民众受其福泽却并不依赖他而感感（或者不敬之言）；他做出了丰功伟绩、国泰民安、功劳簿上却不提他的名字，得到民心民众支持，为自己取得的成就而感到快乐（人与社会关系，即帝王与治理社会之间关系，和谐安定、长治久安）；他建立了丰功伟业、百姓安居乐业、从没有想过他会因此得到天下的无数好处与财富，而是生活在至虚无为的无何有之乡（人与自然关系，即帝王与自然融合一体关系，至虚无为，遵循规律，福泽于民）。"

第 5 节

一 原文

郑有神巫曰季咸①，知人之死生、存亡、祸福、寿夭，期以岁月旬日，若神。郑人见之，皆弃而走。列子见之而心醉，归，以告壶子，曰："始吾以夫子之道为至矣，则又有至焉者矣。"

壶子曰："吾与汝既其文，未既其实。而固得道与？众雌而无雄，而又奚卵焉！而以道与世亢，必信，夫故使人得而相汝。尝试与来，以予示之。"

明日，列子与之见壶子②。出而谓列子曰："嘻！子之先生死矣！弗活矣！不以旬数矣！吾见怪焉，见湿灰③焉。"

列子入，泣涕沾襟以告壶子。壶子曰："乡吾示之以地文④，萌乎不震不止⑤，是殆见吾杜德机⑥也。尝又与来。"

明日，又与之见壶子。出而谓列子曰："幸矣！子之先生遇我也，有瘳⑦矣！全然有生矣！吾见其杜权⑧矣！"

列子入，以告壶子。壶子曰："乡吾示之以天壤，名实不入，而机发于踵。是殆见吾善者机也。尝又与来。"

明日，又与之见壶子。出而谓列子曰："子之先生不齐，吾无得而相焉。试齐，且复相之。"

列子入，以告壶子。壶子曰："吾乡示之以太冲莫胜，是殆见吾衡气机也。鲵桓之审为渊⑨，止水之审为渊，流水之审为渊。渊有九名，此处三焉。尝又与来。"

明日，又与之见壶子。立未定，自失而走。壶子曰："追之！"列子追之不及。反，以报壶子曰："已灭矣，已失矣，吾弗及已。"

壶子曰："乡吾示之以未始出吾宗。吾与之虚而委蛇⑩，不知其谁何，因以为弟靡，因以为波流，故逃也。"

然后列子自以为未始学而归。三年不出，为其妻爨⑪，食豕如食人，于事无与亲。雕琢复朴⑫，块然独以其形立。纷而封哉，一以是终⑬。

二　出场人物

神巫　季咸　列子　壶子

三、注释：

① 神巫：精于祈祷降神、占卜的算命先生。季咸：巫师。

② 壶子：列子的老师。

③ 湿灰：喻其毫无生气。

④ 乡：通"向"。地文：大地寂静之象。

⑤ 萌乎：喻昏昧的样子。萌：犹"芒"。震：动。止：一说为"正"。

⑥ 杜：闭塞。德机：生气。

⑦ 瘳（chōu）：病好了。

⑧ 权：变。

⑨ 鲵（ní）：鲸鱼。桓：盘旋。审：通"沈"，深。

⑩ 委蛇（yí）：随顺应变的意思。

⑪ 爨（cuàn）：做饭。

⑫ 雕琢复朴：去除虚华而复归于真朴。

⑬ 一以是终：坚持到他生命的终结。

四　译文

郑国传说，有个巫师非常传奇，就像神人似的，名叫季咸。他可通过观面相来推知人的死生存亡、旦夕祸福，他预测的祸福时辰年月来到，丝毫不差，就像神仙说的一样准确。因此，郑国人见了他就跑开了。列子听说此事后，相信到了着迷的程度，回来后就对壶子老师说："我当初以为先生您的道是修炼登峰的了，现在才知道还有比您更高明神达的人。"

壶子说:"直到今天,我教给你的还只是道的粗糙皮毛而已,没有上升到道的关键实质内容。你难道认为已经得道了吗?即使有一群母鸡了,如果少了公鸡,你怎么会有能孵出小鸡来的鸡蛋呢?就凭着你学到的关于道的一点皮毛,就去与世人打交道,情绪都表露在你的面相上了,这就会使得别人非常容易地把你的心迹都相了出来。你不妨带那位相面先生到我这里来,让他给我看个相、算个命。"

第二天,列子就带着季咸来见壶子了。他在里间房,给壶子看完了相,出来后对列子说:"唉!你的先生快要死了,活不了多久!过不了十天!因为我从他面部上看见怪异现象了,就像湿灰一样没有生机了。"

列子听了,就跑到里面房去,哭得非常伤心,把神巫季咸说的话告诉了壶子。壶子却说:"刚才我显示给他看的,是大地般的沉静,就是说,我故意显得茫然无迹,既不动又不止,所以他大概看见我会让他活动起来的生机了(杜德机了)。你试着让他再跟你来看一次。"

第二天,季咸与列子来见壶子,季咸看相过后,出来对列子说:"真是好运来了呀,你的先生遇到了我!他的病可以治好了,而且能够恢复生机了。我看见他的封闭的生机(杜德机)活动起来了!"

列子进到壶子的房中,又把季咸说的话告诉了壶子。壶子说:"刚才我向他显示的是天地同一(天壤)的一线生机,我显得丝毫没有关心名利,而生机却由脚跟一直升起。哈哈,他大概是又看到了我的这一线生机了。你可以请他再跟你来试一次。"

第二天，季咸又跟列子一起来见壶子，季咸相完面后，出来对列子说："您的先生神志不清，今天没法给他看相。等到精神好转后，我再给他看相吧。"

列子进到壶子房中，又把季咸说的话告诉了壶子。壶子说："刚才我向他显示的是无迹可循的虚渺世界，因此，他大概是看到了我生机平和、平衡的状态。鲸鱼只要盘旋就会形成深渊，在静水中盘旋会形成深渊，在流水中盘旋也会形成深渊。渊有九种，我只给他显示了三种。你可以试着，让他再跟你来看看。"

第二天，季咸又随着列子一起来见壶子。季咸观察壶子面相后，却讲不出一个原因或者说法，惊慌失措了，只好赶快逃跑。壶子说："追他回来呀！"列子去追了，但未追上。他回来后对壶子说："他跑远了，看不见了，我追不到了。"

壶子说："刚才我显示给他看的，还不是我的真本事，还只是有意地顺着他变化，变换我的表现应付他，他自然分不清楚东西南北了，就像草一样随风摆动，像水随波逐流，他简直认不出我是谁了，于是只好逃跑了。"

从那以后，列子就认识到，自己根本没有学到道，于是返回家中，为妻子做饭，喂猪也像喂人吃饭一样细心认真，对所有人和事情都一视同仁，过着简单的返朴归真的生活，超然独立，不偏不倚，不理睬世俗间的种种是非之争，坚守自己的原则，决不同流合污。这样一直坚持到他生命的终结，守住质朴，一身做到一以贯之。

第6节

一 原文

无为名尸^①，无为谋府，无为事任，无为知主^②。体尽无穷，而游无朕。尽其所受乎天而无见得，亦虚而已！至人之用心若镜，不将不迎^③，应而不藏，故能胜物而不伤。

二 出场

1. 出场人物

名尸（即名人） 谋府（即专家人员） 事任（即部门负责人） 知主（即办事员） 应（即应帝王）

2. 讨论场地

若镜（即帝王办公地方）

三 注释

①无为：不要去做。

②名尸、谋府、事任、知主：工作岗位职员。

③不将不迎：物去不送，物来不迎。将：送。

四 译文

不要企图贪恋高贵显赫名分，不要以出谋划策的能人先生的身份自居，不要充当具体工作部门的负责人，不要成为耍阴谋、弄权术的阴谋主角儿。

做任何事情，都必须出于自己的自然本性，为了满足民心需要。做到这样就是最好的自己了，也就是仅此而已。

要知道，至人（也可以译为圣人）行事，就像人的形态在镜子里的映照一样，外物进来了不拒绝，走了也不留下影子。这就是世界万物有一定如实反映其状貌的时刻，看到了形态并不保存形态，就像镜子一样如此竖立着，任凭人人与外物无数次使用，自己却立着那里，永远的存在、没有受到丝毫的损害。

五 当代意义

庄子真正的贡献和财富，就是"人与自然规律关系、人与社会和谐秩序关系、人与人平等关系"。一个人或一个组织单位、一个社会环境层面，都必须掌握运用好这三大关系。

"镜子照物"，即以镜明心，以镜明众，以镜不藏，以镜不伤；只利于他人所用，绝不干预他人。洞见"人与自然规律关系、人与社会和谐秩序关系、人与人平等关系"，当以史为镜，以镜为民。

第7节

一 原文

南海之帝为儵，北海之帝为忽①，中央之帝为浑沌②。儵与忽时相与遇于浑沌之地，浑沌待之甚善。儵与忽谋③报浑沌之德④，曰："人皆有七窍⑤以视听食息，此独无有，尝试凿之。"日凿一窍，七日而浑沌死。

二 出场人物

儵 忽 浑沌

三 注释

① 儵（shū）、忽，均为虚拟人物。

② 浑沌：虚拟人物。

③ 谋：协商。

④ 德：惠恩义。

⑤ 七窍：一口、两耳、两目、两鼻孔。

四 译文

南海的帝王叫儵，北海的帝王名叫忽，中央的帝王名叫浑沌。儵和忽经常来到浑沌帝统治的地方去相会，浑沌接待他们非常和善友好。儵与忽就一起商量方法，如何报答浑沌款待他们的深情厚谊，说："人人都有眼、耳、鼻孔和嘴巴这七窍，用以视物、听音、呼吸和进食，唯独浑沌帝没有这些功能，我们就来试着为他开凿吧。"于是，他俩就每天为浑沌帝开挖一窍，开到第七天时，浑沌帝就死了。

经典成语

1. 使蚊负山

【释义】使：派，令。负：背。派蚊子去背山。比喻力不胜任。

【出自】《庄子·应帝王》：其于治天下也，犹涉海凿河，而使蚊负山也。

2. 虚与委蛇

【释义】虚：假；委蛇：随便应顺。指对人虚情假意，敷衍应酬。

【出自】《庄子·应帝王》："乡吾示之以未始出吾宗，吾与之虚而委蛇。"

当代意义

《应帝王》共有七节故事组成，是内七篇的最后一篇寓言篇。寓意具有深远的警示应用意义。庄子的意图非常明确，就是要通过本篇的寓言故事，告诉帝王和百姓，如何当好帝王和做好百姓、如何监督帝王做好治国理政。

（1）对话是解决一切问题的关键。本篇特点，庄子以更深刻的具体寓言故事案例，以对话方式为主贯穿七节故事始终。

（2）生机活力是人类生存和保护自然生态环境的基础。第7节寓言告诉后人，混沌帝，天生的就没有人的七窍功能。"儵"同"忽"看见的是他自然的、本来的面貌，他天生没有欠缺的，而人为地给他又挖造出七窍来，这就是伤害了他原本的自然状态。这就是人类破坏生存自然环境的结果，称为"以人灭天"。自然环境没有了生机，就要死去了。

（3）保护百姓利益胜于强权为政治理。得民心者得天下。若不顾他人的建议和自然规律去为政施治，去改造自然环境和民众生活，即使出于善意的目的，结果也只是破坏环境并损害百姓利益。

在此告诫人类：不得随意实施强权决策，破坏人类生存的生态自然环境，否则就不得民心；失去了民心，就加速灭亡。这就是老子学问、庄子传承的道家的"无为"思想真谛，是无为思想的全部内容，也是无为思想的理论根据和实践应用。

（4）合理利用生态资源、保护历史文化根脉是人类社会永恒发展的主题。混沌帝的自然状态之德（本来面貌），就是自然之道、自然状态，而无窍正是其自然之道（规律）的表达。凿窍挖开，混沌即死的悲剧，传递了深刻的警示，告诫大家要遵守规律。

出现这种悲剧，恰恰是庄子指出的那个时代帝王们背离自然之道的必然结果。结合现实情况，人类违背了社会发展规律、破坏了历史文化根脉、破坏了自然环境，也就是人类背离自然之道（规律）的结果，必然出现开挖自然资源的灾难性悲剧和沉痛教训。

（5）顺应自然、顺乎民意，以人民的利益为根本开展治国理政。庄子的政治主张就是以不治为治，主张无为而治。

《应帝王》是《庄子》内篇中的最后一篇，它表达了庄子的为政思想。庄子对宇宙万物的认识基于"道"，他认为整个宇宙万物是浑一形态的。

因此也就无所谓分别和不同，世间的一切变化也都出于自然，人为的因素都是外在的、附加的。

基于此，庄子的政治主张就是以不治为治，无为而治便是本篇的中心。

（6）学习庄子"无为而治"思想，建立人类和谐平等的生活环境秩序，建立可持续发展的人类命运共同体。庄子的思想包含着朴素的辩证法思想。

主张"无为"，即放弃一切妄为做法。认为一切事物的本质虽然有着千差万别的特点，但其"一"本同，即都具有自然生存的生命规律；人与社会关系，安时处顺，逍遥无待、穷策天理、责尽道性，以至于命。

结合现实，重视社会发展、关注民生国计问题，重视应用对策研究。彻底消除形式主义和官僚主义的危害，以满足人民日益增长的美好生活需要为根本。建立人与自然、人与社会、人与人和谐平安与公平的生活秩序，以期实现健康、幸福、可持续发展的人类命运共同体。

庄子生活时代的社会发展问题，以及2000多年前的社会实践问题，已经成为研究浩瀚无垠的中国优秀传统文化传承的历史谱系的一个部分。中国文化文字是全世界最早的、第一个具有文字记载和传承的文化历史的国家，也是全世界最先进、最优秀的人类进步的文化文字历史博览园。

今天美丽的中国，实现了社会经济文化事业发展，实现了庄子鹏程万里的梦想。

中国人民在中国共产党的坚强领导下，社会发展与人民幸福成果丰硕，已经超越了中国五千年文明历史中的各个进步阶段。中国致力于全球和平发展理念，面对疫情防控和出现的经济建设机遇，坚定"四个自信"，一心一意建设中国特色社会主义。

参考文献

1.《庄子》孙通海译注，中华书局，2016。

2.《庄子今注今译》，陈鼓应注释，中华书局，1983。

3. 胡文臻、郭飚主编《庄学研究》（1-4 期），社会科学文献出版社，2018、2019、2020。

4. 胡文臻、郭飚主编《庄学研究》（第 5 辑），中国社会科学出版社，2020。

共建智库平台，促进成果转化

——着力探索马克思主义与中华优秀传统文化
融合发展的"蒙城模式"

郭　飚

"庄子者，蒙人也。"自古以来，安徽省蒙城县就以一代先贤庄子的故里而倍感自豪与骄傲，一直拥有崇庄、咏庄、爱庄的传统，魏晋名士嵇康慕庄隐蒙"冶铁怡情"，北宋王安石谒庄莅蒙留下"民有庄周后世风"，县令王竞敬庄兴建庄子祠，文豪苏轼应求写下《庄子祠堂记》，吕南公、张登云、顾龙裳、王继贤、李时芳等文人雅士为庄子写下不朽美文诗篇。进入新时代，蒙城以习近平新时代中国特色社会主义思想为指导，坚持马克思主义与庄子文化相结合，以打造"庄子故里·逍遥蒙城"为抓手，着力推进中华优秀传统文化创造性转化和创新性发展，着力推动文化强县建设，为实现文化强国做出了积极有效的理论研究和实践探索。

一　坚定文化自信，发挥名人故里效应

党的十九大报告指出，"文化自信是一个国家、一个民族发展中更基本、更深沉、更持久的力量"。文化自信和中

华优秀传统文化密切相关，文化自信要建立在传承和弘扬中华优秀传统文化的基础上。蒙城作为庄子故里，历届县委、县政府都高度重视文化建设，把庄子思想发掘传承工作作为必修课。县主要领导一任接着一任，始终如一，久久为功，不断推进庄子文化发展传承，促进应用成果转化落地。历史名人带动，打好庄子品牌，推动文化建设，一直就是蒙城的文化发展顶层设计。在历次五年规划谋篇布局中，一以贯之，从"十二五"的"三大蒙城"建设到"十四五"的"一市一城三中心，一地一区三集群"定位，其中的"一城"就是打造"庄子故里·逍遥蒙城"特色彰显的历史文化名城，彰显庄子特色文化。旨在发掘庄子文化，推动庄子文化传承，加快庄子文化产业园建设。在"十四五"庄学发展布局中，把蒙城定位为全国庄学研究交流中心、庄子文献资料汇集中心、庄子文化创意成果转化中心。为加强蒙城庄子思想的研究，早在1986年，成立县庄子研究所。1991年，县庄子研究所增加人员、编制，成立"中国·蒙城庄子学会"。为顺应庄学研究发展要求，2016年5月，在安徽省社科院、省社科联、安徽大学等单位的支持下，蒙城县牵头成立了安徽省庄子研究会，会员分布在安徽省及全国20多所高等学校及研究机构，层次较高，结构合理，建立了一支稳定的、有影响力的庄学研究队伍。2021年5月，庄子研究所又增加2名编制，加挂庄子书院，与安徽省庄子研究会秘书处合署办公，大大增强研究会的影响力，成为安徽省弘扬中华优秀传统文化、开展哲学社会科学研究的第一方阵。

文化，是一个地方发展的软实力，对一个地方发展具有引领作用。为形成人文建设的合力，蒙城县成立了由主要领导担任组长的领导小组，统筹统揽全县人文蒙城建设，领导小组成立十年来，成员换了一茬又一茬，但体制机制不断优化加强，力度不减。不仅如此，每年用于人文蒙城建设引导性资金列入财政预算逐年增加，由 2014 年预算 600 万元增加到 2021 年的 1000 万元，其中专项用于庄学研究资金 200万元。2021 年初，县政府又研究决定将 3000 平方米原规划馆大楼交给研究会和庄子书院使用，自此，庄学研究、人文蒙城建设有了更广阔的舞台。

二 搭好交流平台，服务大家出彩出新

庄子是蒙城的、是民族的，也是世界的。从 1989 年至2000 年，蒙城县先后举办了三届庄子学术研讨会。时任中共中央政治局委员、中国社会科学院院长李铁映同志给"中国·北京第三届庄子国际学术研讨会"大会发来贺信。三届国际学术交流会共有国内外百余所知名大学和研究机构 300多名专家、学者参加会议，提高了蒙城在庄子研究领域的影响力。

安徽省庄子研究会成立后，影响力不断扩大，吸引了全国 15 个省区市和香港特别行政区的庄家学者会聚一堂，共研庄学，提高了庄子故里的知名度和美誉度，也促使庄学研究达到了一个新的高度。

2018 年 5 月，蒙城县人民政府与中国社会科学院哲学研究所，中国社会科学院社会发展研究中心、中国文化研究中心签订全国第一家院地合作共建《庄学研究》智库平台，

本着"政治引领、学术导向、成果转化、品牌带动、业态支撑、惠及百姓"的发展理念，不断推动智库成果转化，通过智库论坛、新闻发布、应用读书、成果展示等方式让庄学研究不断走深做实。目前，《庄学研究》集刊已出版发行六期，每期通过国务院政务平台《中国网》向海内外发布，点击量 2000 余万人次，产生广泛积极影响。在抓好建设学术应用研究平台同时，为满足百姓对庄学文化的需求，县政府批准成立了"庄子书院"，本着"植根沃土、遵道求真、守正创新、薪火相传"的理念，突出书院公益性、引领性、应用性、普及性特点，集应用研学、才艺培训、文化推广、智库建设等功能于一体。首批聘请了 18 名专家担任书院特聘研究员，既有庄学研究领域高级专家，也有太极、古琴、五禽戏、庄子养生功等应用型学者。庄子书院的创建和发展，必将给蒙城百姓精神文化生活带来活力和生机。

三 深化应用研究，推动智库成果落地

庄子思想博大精深，蕴含着许多人生哲理和治国理政的智慧。庄学研究目的是服务新发展、服务新时代，安徽省庄子研究会根据省社科联理论研究、应用研究、科普研究的"三项课题"要求，在研究会会员和专家团队中，每年拿出 10 万元经费用于庄学研究重要课题的开展工作，由学术委员会确定揭榜挂帅人选，已累计拿出 30 万元用于课题经费，产生了一批高质量、有影响力的研究成果。2019 年度，研究会重点课题成果"庄子与蒙城文化"获安徽省社科联优秀成果一等奖，研究会荣获全省社科联组织奖，并被授予"全

国社科联先进单位"荣誉称号。2020年，重点课题成果再获殊荣。

我们还顺应百姓的期待，由专家领衔积极开展应用性研究，充分发掘庄子思想精髓，促进庄子思想成果转化。根据庄子"缘督以为经""吐故纳新""熊经鸟申"等仿生、养生思想，蒙城县文体旅局和上海体育学院合作，由虞定海教授领衔，范铜钢等组织专家团队，挖掘、活化、创编了"庄子养生功"，已被国家体育总局列为疫情期间居家科学健身功法。中国古琴学会马杰先生根据庄子思想和蒙城地方文化，发掘创编了"漆园八景"古琴曲，已走近百姓，极大丰富了人们精神文化生活。

运用庄子养生理论，推广健康养生饮食。挖掘传统特色美食，以绿色、有机、健康的理念，鼓励引导研发蒙城特色新菜品，打造生态、自然美食，这些让老百姓看得见的成果，很受欢迎。积极与企业合作推动研究成果转化，庄子大酒店运用自根自本，开发庄子养生宴；玖隆大酒店开发全牛宴及系列产品；家府饭店按照庄子遵循自然选好食材。这些不仅给企业带来生产力，也让百姓享受到美味佳肴。积极做好特色饮食品牌注册工作，推出一批省级名菜、名小吃，创制中华名吃、名店；成功注册蒙城油酥烧饼、Sa汤、立仓双芽、楚村粉条、篱笆黄花梨等5项地理标志商标。

四 精心设计载体，推动文化品牌创建

庄子思想的深化研究，让我们感受到了庄子思想的丰满与张力。我们根据蒙城历史文脉传承和地方百姓的要求，在

"十三五"谋划时提出，以打造"十乡一城"为抓手，着力建设人文蒙城。目前，已成功创建了中国楹联之乡、中国曲艺之乡、中国硬笔书法之乡、中国养生美食之乡、中国寓言之乡、庄子养生功传承之乡以及安徽六州棋之乡、安徽古琴之乡、安徽散文之乡等，全国历史文化名城正在争创之中。每个文化品牌的创建，都成立一套专班，建立一套方案，制定一个目标，严格执行调度、推进、考核、奖惩机制。争创的过程，也是不断丰富文化内涵、提升文化品位、累积群众基础的过程，因此，我们充分调动社会大众参与争创活动，享受文化艺术大餐。我们结合"君子之乡·好人蒙城"道德建设品牌，利用文化馆、学校、庄子书院等阵地，常态化开展君子"八雅"培训，给爱好者提供学习平台；每年通过"庄子文化周"及庄子文化进校园、进商会、进机关、进社区、进军营、进企业"六进"活动，以演讲、吟诵、古琴、养生功、舞台剧等多种形式展示庄学转化成果，彰显庄子文化魅力。目前，中国好人已达56人，居全国县级之首；庄子养生功习练者达3000多人，古琴学员600多人，每年"六进"活动走基层近百场，受众10万余人次。

五 凝聚共建合力，贡献强国庄学智慧

党的十九届五中全会提出，"2035年远景目标，建成文化强国、教育强国、人才强国、体育强国、健康中国，国民素质和社会文明程度达到新高度，国家文化软实力显著增强"。为此，以《庄学研究》集刊为平台，庄子书院同安徽省人民政府参事室、安徽省社科院、亳州学院等多家单位签

订战略合作协议，推进智库成果转化，助力文化强省、文化强国建设。以庄子书院为平台，以思想为核，以转化为体，以蒙城为根，以民为本，把书院建设成庄学成果展示的窗口、人才聚集的高地、文创孵化的基地、文脉传承的阵地，把蒙城建设成中国优秀传统文化传承示范工程。

实现中华民族伟大复兴，需要物质文明极大发展，也需要精神文明极大发展。在全面开启中国特色社会主义现代化国家建设的新征程上，我们将认真学习贯彻习近平总书记在中国共产党成立 100 周年庆祝大会上的重要讲话精神，不忘初心，牢记使命，珍惜荣誉，再接再厉，为"文化强国""文化强省"建设贡献庄子智慧、蒙城模式。

后　记

　　《大众庄学（内篇）》，是中国《庄学研究》编辑部、安徽省庄子研究会、庄子书院、中国庄学应用读书会的核心专家学者，在尊重原作《庄子》的基础上，申请立项，并联合共建国家智库平台单位中国社会科学院哲学研究所、中国社会科学院社会发展研究中心、中国文化研究中心，相关部委、院校及地方政府的庄学应用研究学者潘晨光、胡文臻、郭飚、李天明、李星等，共同编撰的普及性应用读本。

　　本书以孙通海译注的《庄子》（中华书局，2016）为蓝本，同时参考了陈鼓应注释的《庄子今注今译》（中华书局，1983）。

　　《庄子》成书于先秦时期。根据现今查阅到的权威信息，《汉书·艺文志》著录了五十二篇，今存三十三篇。其中记载有内篇七篇、外篇十五篇、杂篇十一篇。

　　《庄子》一书中，除内七篇外，其他内容均为后人所修订。全书以哲学的视阈、文学的笔法，以"寓言""重言""卮言"为主要思想表现形式，在继承老子学说的同时又发展了新说，是比较尊重历史的判断评鉴。

《庄子》一书中，体现了庄子全面认识世界与思考社会发展及尊重自然规律的世界观。流传至今并贡献给后人的"人与自然、人与社会（秩序）、人与人"的三大人类进步发展关系，正是庄子站在当时社会环境的历史舞台上，蔑视旧时腐朽礼法权贵并积极倡导在三大关系基础上的思考性的逍遥自由。这些关系特征在其内篇的《齐物论》《逍遥游》《大宗师》《应帝王》中得以充分表达。

《庄子》一书中，庄子通过"寓言""重言""卮言"三大写作方法，将倡导的三大人类生存进步关系的思想与实践自然地融合在一起。文章中故事情节跌宕起伏、言辞洒脱、流水行云又大道无垠，抨击丑恶、弘扬正义、尊重自然、提倡和谐等应用研究案例令人赞叹。此外，其中的小故事所蕴含的大道理，对进化人类发展、净化人们心灵、超越无为世界、形成有为生活环境具有重要的影响作用。

本书得到了中国社会科学院哲学研究所党委书记、分管中国社会科学院社会发展研究中心的王立胜书记，中国社会科学院哲学研究所所长、《庄学研究》专家委员会主任张志强所长，以及全国政协委员陈霞、东方研究室主任成建华、智能研究室主任杜国平的大力指导和支持。

中国社会科学院学部委员李景源、中国社会科学院宗教研究所原党委书记曹中建、中国财政科学研究院 PPP 专家孙洁院长、国务院发展研究中心研究员郑醒尘主任、安徽省人民政府参事室主任白和平、安徽大学原党委书记李仁群等百余位专家学者长期参与并指导了庄学应用普及与实践工作。

我们还荣幸地邀请到了中央马克思主义工程首席专家，中宣部理论局原副局长，全国社科规划办原主任，现中国文化软实力研究中心主任，博士生导师张国祚，为《大众庄学》作序。

在此，对一直支持及参与本书编撰的领导、专家学者一并表示感谢！

我们同样感谢这个时代，是时代赋予了我们应用研究的重大责任；感谢中国共产党的伟大领导，让我们的应用研究得以落地并产生实践效益。

大众庄学者，将继续把论文写在祖国大地上。

胡文臻

2021 年 7 月修改于霍尔果斯

图书在版编目（CIP）数据

大众庄学：内篇 / 胡文臻，潘晨光，郭飚著. --
北京：社会科学文献出版社，2021.9
ISBN 978-7-5201-9068-8

Ⅰ. ①大…　Ⅱ. ①胡…　②潘…　③郭…　Ⅲ. ①道家　②
《庄子》－研究　Ⅳ. ① B223.55

中国版本图书馆 CIP 数据核字（2021）第 195107 号

大众庄学（内篇）

著　　者 / 胡文臻　潘晨光　郭　飚

出 版 人 / 王利民
组稿编辑 / 周　丽
责任编辑 / 王玉霞
责任印制 / 王京美

出　　版 / 社会科学文献出版社·城市和绿色发展分社（010）59367143
　　　　　地址：北京市北三环中路甲 29 号院华龙大厦　邮编：100029
　　　　　网址：www.ssap.com.cn
发　　行 / 市场营销中心（010）59367081　59367083
印　　装 / 三河市东方印刷有限公司

规　　格 / 开　本：889mm × 1194mm　1/32
　　　　　印　张：11.125　字　数：240 千字
版　　次 / 2021 年 9 月第 1 版　2021 年 9 月第 1 次印刷
书　　号 / ISBN 978-7-5201-9068-8
定　　价 / 50.00 元

本书如有印装质量问题，请与读者服务中心（010-59367028）联系

目录

逍 遥 游

xiāo yáo yóu

北冥有鱼，其名为鲲。鲲之大，不知其几千里也。化而为鸟，其名为鹏。鹏之背，不知其几千里也。怒而飞，其翼若垂天之云。是鸟也，海运则将徙于南冥。南冥者，天池也。

《齐谐》者，志怪者也。《谐》之言曰："鹏之徙于南冥也，水击三千里，抟扶摇而上者九万里，去以六月息者也。"野马也，尘埃也，生物之以息相吹也。天之苍苍，其正色邪？其远而无所至极邪？其视下也，亦若是则已矣。

且夫水之积也不厚，则其负大舟也无力。覆杯水于坳堂之上，则芥为之舟。置杯焉则胶，水浅而舟大也。风之积也不厚，则其负大翼也无力。故九万里则风斯在下矣，而后乃今培风；背负青天而莫之夭阏者，而后乃今将图南。

蜩与学鸠笑之曰："我决起而飞，抢榆枋，时则不至而控于地而已矣，奚以之九万里而南为？"适莽苍者，三餐而反，腹犹果然；适百里者，宿舂粮；适千里者，三月聚粮。之二虫又何知！

小知不及大知，小年不及大年。奚以知其然也？朝菌不知晦朔，蟪蛄不知春秋，此小年也。楚之南有冥灵者，以五百岁为春，五百岁为秋；上古有大椿者，以八千岁为春，八千岁为秋。此大年也。

而彭祖乃今以久特闻，众人匹之，不亦悲乎！

汤之问棘也是已：穷发之北，有冥海者，天池也。有鱼焉，其广数千里，未有知其修者，其名为鲲。有鸟焉，其名为鹏，背若太山，翼若垂天之云。抟扶摇羊角而上者九万里，绝云气，负青天，然后图南，且适南冥也。斥鷃笑之曰："彼且奚适也？我腾跃而上，不过数仞而下，翱翔蓬蒿之间，此亦飞之至也，而彼且奚适也？"此小大之辩也。

故夫知效一官，行比一乡，德合一君而征一国者，其自视也，亦若此矣。而宋荣子犹然笑之。且举世而誉之而不加劝，举世而非之而不加沮，定乎内外之分，辩乎荣辱之境，斯已矣。彼其于世未数数然也。虽然，犹有未树也。

夫列子御风而行，泠然善也，旬有五日而后反。彼于致福者，未数数然也。此虽免乎行，犹有所待者也。

若夫乘天地之正，而御六气之辩，以游无穷者，彼且恶乎待哉！故曰：至人无己，神人无功，圣人无名。

尧让天下于许由，曰："日月出矣，而爝火不息，其于光也，不亦难乎！时雨降矣，而犹浸灌，其于泽也，不亦劳乎！夫子立而天下治，而我犹尸之，吾自视缺然。请致天下。"

许由曰："子治天下，天下既已治也，而我犹代子，吾将为名乎？名者，实之宾也，吾将为宾乎？鹪鹩巢于深林，不过一枝；偃鼠饮河，不过满腹。归休乎君，予无所用天下为！庖人虽不治庖，尸祝不越樽俎而代之矣。"

肩吾问于连叔曰："吾闻言于接舆，大而无当，往而不返。吾惊怖其言，犹河汉而无极也，大有径庭，不近人情焉。"连叔曰："其言谓何哉？"曰："'藐姑射之山，有神人居焉。肌肤若冰雪，绰约若处子；不食五谷，吸风饮露；乘云气，御飞龙，而游乎四海之外；其神凝，使物不疵疠而年谷熟。'吾以是狂而不信也。"连叔曰："然，瞽者无以与乎文章之观，聋者无以与乎钟鼓之声。岂唯形骸有聋盲哉？夫知亦有之。是其言也，犹时女也。之人也，之德也，将旁礴万物以为一，世蕲乎乱，孰弊弊焉以天下为事！之人也，物莫之伤，大浸稽天而不溺，大旱

jīn shí liú tǔ shān jiāo ér bù rè shì qí chén gòu bǐ kāng
金石流、土山焦而不热。是其尘垢秕糠,

jiāng yóu táo zhù yáo shùn zhě yě shú kěn fèn fèn yǐ wù
将犹陶铸尧舜者也,孰肯分分以物

wéi shì
为事!"

sòng rén zī zhāng fǔ ér shì zhū yuè yuè rén duàn fā wén
宋人资章甫而适诸越,越人断发文

shēn wú suǒ yòng zhī yáo zhì tiān xià zhī mín píng hǎi nèi zhī
身,无所用之。尧治天下之民,平海内之

zhèng wǎng jiàn sì zǐ miǎo gū shè zhī shān fén shuǐ zhī yáng yǎo
政。往见四子藐姑射之山,汾水之阳,窅

rán sàng qí tiān xià yān
然丧其天下焉。

huì zǐ wèi zhuāng zǐ yuē wèi wáng yí wǒ dà hú zhī
惠子谓庄子曰:"魏王贻我大瓠之

zhǒng wǒ shù zhī chéng ér shí wǔ dàn yǐ chéng shuǐ jiāng qí
种,我树之成而实五石。以盛水浆,其

jiān bù néng zì jǔ yě pōu zhī yǐ wéi piáo zé huò luò wú suǒ
坚不能自举也。剖之以为瓢,则瓠落无所

róng fēi bù xiāo rán dà yě wú wèi qí wú yòng ér pǒu zhī
容。非不呺然大也,吾为其无用而掊之。"

zhuāng zǐ yuē fū zǐ gù zhuō yú yòng dà yǐ sòng rén yǒu
庄子曰:"夫子固拙于用大矣。宋人有

shàn wéi bù jūn shǒu zhī yào zhě shì shì yǐ píng pì kuàng wéi
善为不龟手之药者,世世以洴澼絖为

shì kè wén zhī qǐng mǎi qí fāng bǎi jīn jù zú ér móu zhī
事。客闻之,请买其方百金。聚族而谋之

yuē wǒ shì shì wéi píng pì kuàng bù guò shù jīn jīn yī
曰:'我世世为洴澼絖,不过数金。今一

cháo ér yù jì bǎi jīn qǐng yǔ zhī kè dé zhī yǐ shuì wú
朝而鬻技百金,请与之。'客得之,以说吴

王。越有难，吴王使之将。冬，与越人水
战，大败越人，裂地而封之。能不龟手一
也，或以封，或不免于洴澼绛，则所用之
异也。今子有五石之瓠，何不虑以为大樽
而浮乎江湖，而忧其瓠落无所容？则夫子
犹有蓬之心也夫！"

惠子谓庄子曰："吾有大树，人谓之
樗。其大本拥肿而不中绳墨，其小枝
卷曲而不中规矩。立之涂，匠者不顾。今
子之言，大而无用，众所同去也。"

庄子曰："子独不见狸狌乎？卑身而
伏，以候敖者；东西跳梁，不辟高下；中
于机辟，死于罔罟。今夫斄牛，其大若垂
天之云。此能为大矣，而不能执鼠。今子
有大树，患其无用，何不树之于无何有之
乡，广莫之野，彷徨乎无为其侧，逍遥乎

7

<ruby>寝<rt>qǐn</rt></ruby><ruby>卧<rt>wò</rt></ruby><ruby>其<rt>qí</rt></ruby><ruby>下<rt>xià</rt></ruby>？<ruby>不<rt>bù</rt></ruby><ruby>夭<rt>yāo</rt></ruby><ruby>斤<rt>jīn</rt></ruby><ruby>斧<rt>fǔ</rt></ruby>，<ruby>物<rt>wù</rt></ruby><ruby>无<rt>wú</rt></ruby><ruby>害<rt>hài</rt></ruby><ruby>者<rt>zhě</rt></ruby>，<ruby>无<rt>wú</rt></ruby><ruby>所<rt>suǒ</rt></ruby><ruby>可<rt>kě</rt></ruby><ruby>用<rt>yòng</rt></ruby>，<ruby>安<rt>ān</rt></ruby><ruby>所<rt>suǒ</rt></ruby><ruby>困<rt>kùn</rt></ruby><ruby>苦<rt>kǔ</rt></ruby><ruby>哉<rt>zāi</rt></ruby>！"

注音：丁　颖

校对：丁　秀

编校：郭　飚　胡文臻　李　星

齐物论

南郭子綦隐机而坐，仰天而嘘，苔焉似丧其耦。颜成子游立侍乎前，曰："何居乎？形固可使如槁木，而心固可使如死灰乎？今之隐机者，非昔之隐机者也。"子綦曰："偃，不亦善乎，而问之也！今者吾丧我，汝知之乎？女闻人籁而未闻地籁，女闻地籁而未闻天籁夫！"子游曰："敢问其方。"子綦曰："夫大块噫气，其名为风。是唯无作，作则万窍怒呺，而独不闻之翏翏乎？山林之畏佳，大木百围之窍穴，似鼻，似口，似耳，似枅，似圈，似

jiù　　sì wā zhě　　sì wū zhě　　jī zhě　　xiào zhě　　chì zhě
臼，似洼者，似污者。激者，謞者，叱者，

xī zhě　　jiào zhě　　háo zhě　　yǎo zhě　　yǎo zhě　　qián zhě chàng
吸者，叫者，譹者，宎者，咬者，前者唱

yú ér suí zhě chàng yú　　líng fēng zé xiǎo hè　　piāo fēng zé dà
于而随者唱喁，泠风则小和，飘风则大

hè　　lì fēng jì zé zhòng qiào wéi xū　　ér dú bù jiàn zhī diào
和，厉风济则众窍为虚。而独不见之调

diào zhī diāodiāo hū
调之刁刁乎？"

　　zǐ yóu yuē　　dì lài zé zhòng qiào shì yǐ　　rén lài zé bǐ
　　子游曰："地籁则众窍是已，人籁则比

zhú shì yǐ　　gǎn wèn tiān lài　　zǐ qí yuē　　fú chuī wàn
竹是已，敢问天籁。"子綦曰："夫吹万

bù tóng　　ér shǐ qí zì jǐ yě　　xián qí zì qǔ　　nù zhě qí
不同，而使其自己也。咸其自取，怒者其

shuí yé
谁邪？"

　　dà zhì xián xián　　xiǎo zhì jiàn jiàn　　dà yán yán yán　　xiǎo yán
　　大知闲闲，小知间间。大言炎炎，小言

zhān zhān　　qí mèi yě hún jiāo　　qí jiào yě xíng kāi　　yǔ jiē wéi
詹詹。其寐也魂交，其觉也形开。与接为

gòu　　rì yǐ xīn dòu　　màn zhě　　jiào zhě　　mì zhě　　xiǎo kǒng
构，日以心斗。缦者，窖者，密者。小恐

zhuì zhuì　　dà kǒng màn màn　　qí fā ruò jī guā　　qí sī shì
惴惴，大恐缦缦。其发若机栝，其司是

fēi zhī wèi yě　　qí liú rú zǔ méng　　qí shǒu shèng zhī wèi yě
非之谓也；其留如诅盟，其守胜之谓也；

qí shài ruò qiū dōng　　yǐ yán qí rì xiāo yě　　qí nì zhī suǒ wéi
其杀若秋冬，以言其日消也；其溺之所为

zhī　　bù kě shǐ fù zhī yě　　qí yā yě rú jiān　　yǐ yán qí lǎo
之，不可使复之也；其厌也如缄，以言其老

溢也；近死之心，莫使复阳也。喜怒哀乐，

虑叹变慹，姚佚启态；乐出虚，蒸成菌。

日夜相代乎前，而莫知其所萌。已乎，已

乎！旦暮得此，其所由以生乎！

非彼无我，非我无所取。是亦近矣，而

不知其所为使。若有真宰，而特不得其

朕。可行已信，而不见其形，有情而无形。

百骸、九窍、六藏，赅而存焉，吾谁与为

亲？汝皆说之乎？其有私焉？如是皆有为

臣妾乎？其臣妾不足以相治乎？其递相

为君臣乎？其有真君存焉！如求得其情

与不得，无益损乎其真。

一受其成形，不亡以待尽。与物相

刃相靡，其行尽如驰而莫之能止，不亦

悲乎？终身役役而不见其成功，苶然疲

役而不知其所归，可不哀邪！人谓之不死，

xī yì　　　qí xíng huà　　qí xīn yǔ zhī rán　　kě bù wèi dà āi
奚益！其形化，其心与之然，可不谓大哀

hū　　rén zhī shēng yě　　gù ruò shì máng hū　　qí wǒ dú máng
乎？人之生也，固若是芒乎？其我独芒，

ér rén yì yǒu bù máng zhě hū
而人亦有不芒者乎？

　　　fú suí qí chéng xīn ér shī zhī　　shéi dú qiě wú shī hū　　xī
夫随其成心而师之，谁独且无师乎？奚

bì zhī dài ér xīn zì qǔ zhě yǒu zhī　　yú zhě yǔ yǒu yān　　wèi
必知代而心自取者有之？愚者与有焉！未

chéng hū xīn ér yǒu shì fēi　　shì jīn rì shì yuè ér xī zhì yě
成乎心而有是非，是今日适越而昔至也。

shì yǐ wú yǒu wéi yǒu　　wú yǒu wéi yǒu　　suī yǒu shén yǔ qiě bù
是以无有为有。无有为有，虽有神禹且不

néng zhī　　wú dú qiě nài hé zāi
能知，吾独且奈何哉！

　　　fú yán fēi chuī yě　　yán zhě yǒu yán　　qí suǒ yán zhě tè
夫言非吹也，言者有言。其所言者特

wèi dìng yě　　guǒ yǒu yán yé　　qí wèi cháng yǒu yán yé　　qí
未定也。果有言邪？其未尝有言邪？其

yǐ wéi yì yú kòu yīn　　yì yǒu biàn hū　　qí wú biàn hū
以为异于鷇音，亦有辩乎？其无辩乎？

　　　dào wū hū yǐn ér yǒu zhēn wěi　　yán wū hū yǐn ér yǒu shì
道恶乎隐而有真伪？言恶乎隐而有是

fēi　　dào wū hū wǎng ér bù cún　　yán wū hū cún ér bù kě
非？道恶乎往而不存？言恶乎存而不可？

dào yǐn yú xiǎo chéng　　yán yǐn yú róng huá　　gù yǒu rú mò zhī shì
道隐于小成，言隐于荣华。故有儒墨之是

fēi　　yǐ shì qí suǒ fēi ér fēi qí suǒ shì　　yù shì qí suǒ fēi ér
非，以是其所非而非其所是。欲是其所非而

fēi qí suǒ shì　　zé mò ruò yǐ míng
非其所是，则莫若以明。

物无非彼，物无非是。自彼则不见，自是
则知之。故曰：彼出于是，是亦因彼。彼是
方生之说也。虽然，方生方死，方死
方生；方可方不可，方不可方可。因是因
非，因非因是。是以圣人不由而照之于
天，亦因是也。

是亦彼也，彼亦是也。彼亦一是非，此
亦一是非。果且有彼是乎哉？果且无彼是
乎哉？彼是莫得其偶，谓之道枢。枢始得其
环中，以应无穷。是亦一无穷，非亦一无
穷也。故曰：莫若以明。

以指喻指之非指，不若以非指喻指之非
指也；以马喻马之非马，不若以非马喻马之
非马也。天地一指也，万物一马也。

可乎可，不可乎不可。道行之而成，物
谓之而然。恶乎然？然于然。恶乎不然？不

然于不然。物固有所然，物固有所可。无物不然，无物不可。故为是举莛与楹，厉与西施，恢恑憰怪，道通为一。

其分也，成也；其成也，毁也。凡物无成与毁，复通为一。唯达者知通为一，为是不用而寓诸庸。庸也者，用也；用也者，通也；通也者，得也。适得而几矣。因是已，已而不知其然，谓之道。劳神明为一，而不知其同也，谓之"朝三"。何谓"朝三"？狙公赋芧，曰："朝三而暮四。"众狙皆怒。曰："然则朝四而暮三。"众狙皆悦。名实未亏而喜怒为用，亦因是也。是以圣人和之以是非而休乎天钧，是之谓两行。

古之人，其知有所至矣。恶乎至？有以为未始有物者，至矣，尽矣，不可以加矣！

14

其次以为有物矣，而未始有封也。其次以为有封焉，而未始有是非也。是非之彰也，道之所以亏也。道之所以亏，爱之所以成。果且有成与亏乎哉？果且无成与亏乎哉？有成与亏，故昭氏之鼓琴也；无成与亏，故昭氏之不鼓琴也。昭文之鼓琴也，师旷之枝策也，惠子之据梧也，三子之知几乎皆其盛者也，故载之末年。唯其好之也以异于彼，其好之也欲以明之。彼非所明而明之，故以坚白之昧终。而其子又以文之纶终，终身无成。若是而可谓成乎，虽我亦成也；若是而不可谓成乎，物与我无成也。是故滑疑之耀，圣人之所鄙也。为是不用而寓诸庸，此之谓"以明"。

今且有言于此，不知其与是类乎？其与

是不类乎？类与不类，相与为类，则与彼无以异矣。虽然，请尝言之：有始也者，有未始有始也者，有未始有夫未始有始也者；有有也者，有无也者，有未始有无也者，有未始有夫未始有无也者。俄而有无矣，而未知有无之果孰有孰无也。今我则已有谓矣，而未知吾所谓之其果有谓乎？其果无谓乎？

天下莫大于秋豪之末，而大山为小；莫寿于殇子，而彭祖为夭。天地与我并生，而万物与我为一。既已为一矣，且得有言乎？既已谓之一矣，且得无言乎？一与言为二，二与一为三。自此以往，巧历不能得，而况其凡乎！故自无适有，以至于三，而况自有适有乎！无适焉，因是已！

夫道未始有封，言未始有常，为是而

有畛也。请言其畛：有左有右，有伦有义，有分有辩，有竞有争，此之谓八德。六合之外，圣人存而不论；六合之内，圣人论而不议；春秋经世先王之志，圣人议而不辩。故分也者，有不分也；辩也者，有不辩也。曰："何也？"圣人怀之，众人辩之以相示也。故曰辩也者，有不见也。

夫大道不称，大辩不言，大仁不仁，大廉不嗛，大勇不忮。道昭而不道，言辩而不及，仁常而不成，廉清而不信，勇忮而不成。五者无弃而几向方矣！故知止其所不知，至矣。熟知不言之辩，不道之道？若有能知，此之谓天府。注焉而不满，酌焉而不竭，而不知其所由来，此之谓葆光。

故昔者尧问于舜曰："我欲伐宗、脍、胥敖，南面而不释然。其故何也？"

舜曰："夫三子者，犹存乎蓬艾之间。若不释然何哉？昔者十日并出，万物皆照，而况德之进乎日者乎！"

啮缺问乎王倪曰："子知物之所同是乎？"

曰："吾恶乎知之！"

"子知子之所不知邪？"

曰："吾恶乎知之。"

"然则物无知邪？"

曰："吾恶乎知之！虽然，尝试言之：庸讵知吾所谓知之非不知邪？庸讵知吾所谓不知之非知邪？且吾尝试问乎女：民湿寝则腰疾偏死，鳅然乎哉？木处则惴栗恂惧，猿猴然乎哉？三者孰知正处？民食刍豢，麋鹿食荐，蝍蛆甘带，鸱鸦耆鼠，四者孰知正味？猿猵狙以为雌，麋与鹿交，鳅与鱼游。毛嫱丽姬，人之所美也；鱼见之深入，鸟见之高飞，麋鹿见之决骤，四者孰知天下之正色哉？自我观之，仁义之端，是非之涂，樊然淆乱，吾恶能知其辩！"

啮缺曰："子不知利害，则至人固不知利害乎？"

王倪曰："至人神矣！大泽焚而不能热，河汉冱而不能寒，疾雷破山、飘风振海而不能惊。若然者，乘云气，骑日月，而游乎四海之外，死生无变于己，而况利害之端乎！"

瞿鹊子问乎长梧子曰："吾闻诸夫子：圣人不从事于务，不就利，不违害，不喜求，不缘道，无谓有谓，有谓无谓，而游乎尘垢之外。夫子以为孟浪之言，而我以为妙道之行也。吾子以为奚若？"

长梧子曰："是黄帝之所听荧也，而丘也何足以知之！且女亦大早计，见卵而求时夜，见弹而求鸮炙。予尝为女妄言之，女以妄听之。奚旁日月，挟宇宙，为其吻合，置其滑涽，以隶相尊？众人役役，圣人愚芚，参万岁而一成纯。万物尽然，而以是相蕴。予恶乎知说生之非惑邪！予恶乎知恶死之非弱丧而不知归者邪！

"丽之姬，艾封人之子也。晋国之始得之也，涕泣沾襟。及其至于王所，与王同筐床，食刍豢，而后悔其泣也。予恶乎知夫死者不悔其始之蕲生乎？梦饮酒者，旦而哭泣；梦哭泣者，旦而田猎。方其梦也，不知其梦也。梦之中又占其梦焉，觉而后知其梦也。且有大觉而后知此其大梦也，而愚者自以为觉，窃窃然知之。君乎、牧乎，固哉！丘也与女，皆梦也，予谓女梦，亦梦也。是其言也，其名为吊诡。万世之后而一遇大圣，知其解者，是旦暮遇之也。

"既使我与若辩矣，若胜我，我不若胜，若果是也？我果非也邪？我胜若，若不吾胜，我果是也，而果非也邪？其或是也？其或非也邪？其俱是也，其俱非也邪？我与若不能相知也。则人固受其黮暗，吾谁使正之？使同乎若者正之，既与若同矣，恶能正之？使同乎我者正之，既同乎我矣，恶能正之？使异乎我与若者正之，既异乎我与若矣，恶能正之？使同乎我与若者正之，既同乎我与若矣，恶能正之？然则我与若与人俱不能相知也，而待彼也邪？

"何谓和之以天倪？"

曰："是不是，然不然。是若果是也，则是之异乎不是也亦无辩；然若果然也，则然之异乎不然也亦无辩。化声之相待，若其不相待。和之以天倪，因之以曼衍，所以穷年也。忘年忘义，振于无竟，故寓诸无竟。"

罔两问景曰："曩子行，今子止；曩子坐，今子起。何其无特操与？"景曰："吾有待而然者邪？吾所待又有待而然者邪？吾待蛇蚹蜩翼邪？恶识所以然？恶识所以不然？"

xī zhě zhuāng zhōu mèng wéi hú dié　　xǔ xǔ rán hú dié
昔 者 庄 周 梦 为 胡 蝶，栩 栩 然 胡 蝶

yě　　zì yú shì zhì yú　　bù zhī zhōu yě　　é rán jiào　　zé
也。自 喻 适 志 与！不 知 周 也。俄 然 觉，则

qú qú rán zhōu yě　　bù zhī zhōu zhī mèng wéi hú dié yú　　hú
蘧 蘧 然 周 也。不 知 周 之 梦 为 胡 蝶 与？胡

dié zhī mèng wéi zhōu yú　　zhōu yǔ hú dié zé　bì yǒu fēn yǐ
蝶 之 梦 为 周 与？周 与 胡 蝶 则 必 有 分 矣。

cǐ zhī wèi wù huà
此 之 谓 物 化。

注音：丁　颖　杨晓洁

校正：丁　秀

编校：郭　飚　胡文臻　李　星

养生主
yǎng shēng zhǔ

吾生也有涯，而知也无涯。以有涯随
wú shēng yě yǒu yá　ér zhī yě wú yá　yǐ yǒu yá suí

无涯，殆已！已而为知者，殆而已矣！为
wú yá　dài yǐ　yǐ ér wéi zhī zhě　dài ér yǐ yǐ　wéi

善无近名，为恶无近刑，缘督以为经，可
shàn wú jìn míng　wéi è wú jìn xíng　yuán dū yǐ wéi jīng　kě

以保身，可以全生，可以养亲，可以
yǐ bǎo shēn　kě yǐ quán xìng　kě yǐ yǎng qīn　kě yǐ

尽年。
jìn nián

庖丁为文惠君解牛，手之所触，肩之
páo dīng wèi wén huì jūn jiě niú　shǒu zhī suǒ chù　jiān zhī

所倚，足之所履，膝之所踦，砉然向然，
suǒ yǐ　zú zhī suǒ lǚ　xī zhī suǒ yǐ　xū rán xiǎng rán

奏刀騞然，莫不中音，合于桑林之舞，乃
zòu dāo huò rán　mò bù zhòng yīn　hé yú sāng lín zhī wǔ　nǎi

中经首之会。文惠君曰："嘻，善哉！技盖
zhòng jīng shǒu zhī huì　wén huì jūn yuē　xī shàn zāi　jì gài

至此乎？"
zhì cǐ hū

庖丁释刀对曰："臣之所好者道也，进
páo dīng shì dāo duì yuē　chén zhī suǒ hào zhě dào yě　jìn

乎技矣。始臣之解牛之时，所见无非全牛

者；三年之后，未尝见全牛也；方今之

时，臣以神遇而不以目视，官知止而神欲

行。依乎天理，批大郤，导大窾，因其固

然。枝经肯綮之未尝，而况大軱乎！良

庖岁更刀，割也；族庖月更刀，折也；今

臣之刀十九年矣，所解数千牛矣，而刀刃

若新发于硎。彼节者有间而刀刃者无厚，以

无厚入有间，恢恢乎其于游刃必有余地矣。

是以十九年而刀刃若新发于硎。虽然，每至

于族，吾见其难为，怵然为戒，视为止，行为

迟，动刀甚微，謋然已解，如土委地。提

刀而立，为之而四顾，为之踌躇满志，善刀

而藏之。"

文惠君曰：善哉！吾闻庖丁之言，得

养生焉。"

公文轩见右师而惊曰："是何人也？
恶乎介也？天与？其人与？"曰："天也，
非人也。天之生是使独也，人之貌有与
也。以是知其天也，非人也。"

泽雉十步一啄，百步一饮，不蕲畜乎樊
中。神虽王，不善也。

老聃死，秦失吊之，三号而出。弟子
曰："非夫子之友邪？"曰："然。""然则吊
焉若此可乎？"曰："然。始也吾以为至人
也，而今非也。向吾入而吊焉，有老者哭
之，如哭其子；少者哭之，如哭其母。彼其
所以会之，必有不蕲言而言，不蕲哭而哭
者。是遁天倍情，忘其所受，古者谓之遁
天之刑。适来，夫子时也；适去，夫子顺
也。安时而处顺，哀乐不能入也，古者谓
是帝之县解。"

zhǐ qióng yú wéi xīn　　huǒ chuán yě　　bù zhī qí jìn yě
指 穷 于 为 薪 ， 火 传 也 ， 不 知 其 尽 也 。

注音人：张利明

校对：丁　秀

编校：郭　飚　胡文臻　李　星

人间世

　　颜回见仲尼，请行。曰："奚之？"曰："将之卫。"曰："奚为焉？"曰"回闻卫君，其年壮，其行独。轻用其国而不见其过。轻用民死，死者以国量乎泽若蕉，民其无如矣！回尝闻之夫子曰：'治国去之，乱国就之，医门多疾。'愿以所闻思其则，庶几其国有瘳乎！"

　　仲尼曰："嘻！若殆往而刑耳！夫道不欲杂，杂则多，多则扰，扰则忧，忧而不救。古之至人，先存诸己，而后存诸人。所存于己者未定，何暇至于暴人之所行！且

ruò yì zhī fú dé zhī suǒ dàng　ér zhì zhī suǒ wéi chū hū zāi
若 亦 知 夫 德 之 所 荡 ，而 知 之 所 为 出 乎 哉 ？

dé dàng hū míng　zhì chū hū zhēng míng yě zhě　xiāng yà yě
德 荡 乎 名 ，知 出 乎 争 。名 也 者 ，相 轧 也 ；

zhì yě zhě　zhēng zhī qì yě　èr zhě xiōng qì　fēi suǒ yǐ jìn
知 也 者 ，争 之 器 也 。二 者 凶 器 ，非 所 以 尽

xíng yě
行 也 。

　　qiě dé hòu xìn qiāng　wèi dá rén qì　míng wén bù zhēng
　　"且 德 厚 信 矼 ，未 达 人 气 ；名 闻 不 争 ，

wèi dá rén xīn　ér qiǎng yǐ rén yì shéng mò zhī yán shù bào
未 达 人 心 。而 强 以 仁 义 绳 墨 之 言 术 暴

rén zhī qián zhě　shì yǐ rén è yǒu qí měi yě　mìng zhī yuē zāi
人 之 前 者 ，是 以 人 恶 有 其 美 也 ，命 之 曰 菑

rén　zāi rén zhě　rén bì fǎn zāi zhī　ruò dài wéi rén zāi fú
人 。菑 人 者 ，人 必 反 菑 之 。若 殆 为 人 菑 夫 。

qiě gǒu wéi yuè xián ér wù bù xiào　wū yòng ér qiú yǒu yǐ　yì
且 苟 为 悦 贤 而 恶 不 肖 ，恶 用 而 求 有 以 异 ？

ruò wéi wú zhào　wáng gōng bì jiāng chéng rén ér dòu qí jié　ér
若 唯 无 诏 ，王 公 必 将 乘 人 而 斗 其 捷 。而

mù jiāng yíng zhī　ér sè jiāng píng zhī　kǒu jiāng yíng zhī
目 将 荧 之 ，而 色 将 平 之 ，口 将 营 之 ，

róng jiāng xíng zhī　xīn qiě chéng zhī　shì yǐ huǒ jiù huǒ　yǐ
容 将 形 之 ，心 且 成 之 。是 以 火 救 火 ，以

shuǐ jiù shuǐ　míng zhī yuē yì duō　shùn shǐ wú qióng　ruò dài yǐ
水 救 水 ，名 之 曰 益 多 。顺 始 无 穷 ，若 殆 以

bù xìn hòu yán　bì sǐ yú bào rén zhī qián yǐ
不 信 厚 言 ，必 死 于 暴 人 之 前 矣 ！

　　qiě xī zhě jié shā guān lóng páng　zhòu shā wáng zǐ bǐ
　　"且 昔 者 桀 杀 关 龙 逢 ，纣 杀 王 子 比

gàn　shì jiē xiū qí shēn yǐ xià yǔ fǔ rén zhī mín　yǐ xià fú
干 ，是 皆 修 其 身 以 下 伛 拊 人 之 民 ，以 下 拂

其上者也，故其君因其修以挤之。是好名者也。昔者尧攻丛、枝、胥敖，禹攻有扈。国为虚厉，身为刑戮。其用兵不止，其求实无已，是皆求名实者也，而独不闻之乎？名实者，圣人之所不能胜也，而况若乎！虽然，若必有以也，尝以语我来。"

颜回曰："端而虚，勉而一，则可乎？"

曰："恶！恶可！夫以阳为充孔扬，采色不定，常人之所不违，因案人之所感，以求容与其心，名之曰日渐之德不成，而况大德乎！将执而不化，外合而内不訾，其庸讵可乎！"

"然则我内直而外曲，成而上比。内直者，与天为徒。与天为徒者，知天子之与己，皆天之所子，而独以己言蕲乎而人善

之，蕲乎而人不善之邪？若然者，人谓之
童子，是之谓与天为徒。外曲者，与人之
为徒也。擎跽曲拳，人臣之礼也。人皆为
之，吾敢不为邪？为人之所为者，人亦无
疵焉，是之谓与人为徒。成而上比者，与
古为徒。其言虽教，谪之实也，古之有也，
非吾有也。若然者，虽直而不病，是之谓与
古为徒。若是则可乎？"

仲尼曰："恶！恶可！大多政法而不
谍。虽固，亦无罪。虽然，止是耳矣，夫胡
可以及化！犹师心者也。"

颜回曰："吾无以进矣，敢问其方。"仲
尼曰："斋，吾将语若。有心而为之，其易
邪？易之者，皞天不宜。"

颜回曰："回之家贫，唯不饮酒不茹荤
者数月矣。如此，则可以为斋乎？"

日："是祭祀之斋，非心斋也。"

回曰："敢问心斋。"

仲尼曰："若一志，无听之以耳，而听之以心；无听之以心，而听之以气。听止于耳，心止于符。气也者，虚而待物者也。唯道集虚。虚者，心斋也。"

颜回曰："回之未始得使，实自回也；得使之也，未始有回也，可谓虚乎？"

夫子曰："尽矣！吾语若：若能入游其樊而无感其名，入则鸣，不入则止。无门无毒，一宅而寓于不得已，则几矣。绝迹易，无行地难。为人使易以伪，为天使难以伪。闻以有翼飞者矣，未闻以无翼飞者也；闻以有知知者矣，未闻以无知知者也。瞻彼阕者，虚室生白，吉祥止止。夫且不止，是之谓坐驰。夫徇耳目内通而外于

心知，鬼神将来舍？而况人乎！是万物
之化也，禹、舜之所纽也，伏羲、几蘧之
所行终，而况散焉者乎！"

叶公子高将使于齐，问于仲尼曰：
"王使诸梁也甚重，齐之待使者，盖将
甚敬而不急。匹夫犹未可动，而况诸侯
乎！吾甚慄之。子常语诸梁也曰：'凡事
若小若大，寡不道以欢成。事若不成，则
必有人道之患；事若成，则必有阴阳之
患。若成若不成而后无患者，唯有德
者能之。'吾食也执粗而不臧，爨无欲清
之人。今吾朝受命而夕饮冰，我其内热
与！吾未至乎事之情，而既有阴阳之患
矣！事若不成，必有人道之患。是两也，
为人臣者不足以任之，子其有以语我来！"

仲尼曰："天下有大戒二：其一命也，

其一义也。子之爱亲，命也，不可解于心；臣之事君，义也，无适而非君也，无所逃于天地之间。是之谓大戒。是以夫事其亲者，不择地而安之，孝之至也；夫事其君者，不择事而安之，忠之盛也；自事其心者，哀乐不易施乎前，知其不可奈何而安之若命，德之至也。为人臣子者，固有所不得已。行事之情而忘其身，何暇至于悦生而恶死！夫子其行可矣！

"丘请复以所闻：凡交，近则必相靡以信，远则必忠之以言。言必或传之。夫传两喜两怒之言，天下之难者也。夫两喜必多溢美之言，两怒必多溢恶之言。凡溢之类妄，妄则其信之也莫，莫则传言者殃。故法言曰：'传其常情，无传其溢言，则几乎全。'

"且以巧斗力者，始乎阳，常卒乎阴，泰至则多奇巧；以礼饮酒者，始乎治，常卒乎乱，泰至则多奇乐。凡事亦然，始乎谅，常卒乎鄙；其作始也简，其将毕也必巨。言者，风波也；行者，实丧也。夫风波易以动，实丧易以危。故忿设无由，巧言偏辞。兽死不择音，气息茀然，于是并生心厉。克核大至，则必有不肖之心应之，而不知其然也。苟为不知其然也，孰知其所终！故法言曰：'无迁令，无劝成。过度益也。'迁令劝成殆事。美成在久，恶成不及改，可不慎与！且夫乘物以游心，托不得已以养中，至矣。何作为报也！莫若为致命，此其难者。"

颜阖将傅卫灵公太子，而问于蘧伯玉曰："有人于此，其德天杀。与之为无方则

危吾国，与之为有方则危吾身。其知适足
以知人之过，而不知其所以过。若然者，吾
奈之何？"

蘧伯玉曰："善哉问乎！戒之，慎之，正
女身也哉！形莫若就，心莫若和。虽然，
之二者有患。就不欲入，和不欲出。形就而
入，且为颠为灭，为崩为蹶；心和而出，
且为声为名，为妖为孽。彼且为婴儿，
亦与之为婴儿；彼且为无町畦，亦与之为
无町畦；彼且为无崖，亦与之为无崖；达
之，入于无疵。

"汝不知夫螳螂乎？怒其臂以当车辙，
不知其不胜任也，是其才之美者也。戒
之，慎之，积伐而美者以犯之，几矣！

"汝不知夫养虎者乎？不敢以生物与
之，为其杀之之怒也；不敢以全物与之，

为其决之之怒也。时其饥饱，达其怒心。虎之与人异类，而媚养己者，顺也；故其杀者，逆也。

"夫爱马者，以筐盛矢，以蜃盛溺。适有蚊虻仆缘，而拊之不时，则缺衔毁首碎胸。意有所至，而爱有所亡，可不慎邪！"

匠石之齐，至于曲辕，见栎社树。其大蔽数千牛，絜之百围，其高临山十仞而后有枝，其可以为舟者旁十数。观者如市，匠伯不顾，遂行不辍。弟子厌观之，走及匠石，曰："自吾执斧斤以随夫子，未尝见材如此其美也。先生不肯视，行不辍，何邪？"

曰："已矣，勿言之矣！散木也，以为舟则沉，以为棺椁则速腐，以为器则速毁，以为门户则液樠，以为柱则蠹，是不材之木也。无所可用，故能若是之寿。"

匠石归，栎社见梦曰："女将恶乎比予哉？若将比予于文木邪？夫柤梨橘柚果蓏之属，实熟则剥，剥则辱。大枝折，小枝泄。此以其能苦其生者也。故不终其天年而中道夭，自掊击于世俗者也。物莫不若是。且予求无所可用久矣！几死，乃今得之，为予大用。使予也而有用，且得有此大也邪？且也若与予也皆物也，奈何哉其相物也？而几死之散人，又恶知散木！"

匠石觉而诊其梦。弟子曰："趣取无用，则为社何邪？"

曰："密！若无言！彼亦直寄焉！以为不知己者诟厉也。不为社者，且几有翦乎！且也彼其所保与众异，而以义喻之，不亦

yuǎn hū
远 乎 ！”

nán bó zǐ qí yóu hū shāng zhī qiū　jiàn dà mù yān　yǒu
南 伯 子 綦 游 乎 商 之 丘 ， 见 大 木 焉 ， 有

yì　jié sì qiān shèng　yǐn jiāng bì qí suǒ lài　zǐ qí yuē
异 ：“ 结 驷 千 乘 ， 隐 将 芘 其 所 藾 。 子 綦 曰 ：

cǐ hé mù yě zāi　cǐ bì yǒu yì cái fú　yǎng ér shì qí xì
此 何 木 也 哉 ？ 此 必 有 异 材 夫 ？ ” 仰 而 视 其 细

zhī　zé quán qū ér bù kě yǐ wéi dòng liáng　fǔ ér shì qí dà
枝 ， 则 拳 曲 而 不 可 以 为 栋 梁 ； 俯 而 视 其 大

gēn　zé zhóu jiě ér bù kě yǐ wéi guān guǒ　shì qí yè　zé
根 ， 则 轴 解 而 不 可 以 为 棺 椁 ； 咶 其 叶 ， 则

kǒu làn ér wéi shāng　xiù zhī　zé shǐ rén kuáng chéng sān rì ér
口 烂 而 为 伤 ； 嗅 之 ， 则 使 人 狂 醒 三 日 而

bù yǐ
不 已 。

zǐ qí yuē　cǐ guǒ bù cái zhī mù yě　yǐ zhì yú cǐ qí
子 綦 曰 ：“ 此 果 不 材 之 木 也 ， 以 至 于 此 其

dà yě　jiē hū shén rén　yǐ cǐ bù cái
大 也 。 嗟 乎 神 人 ， 以 此 不 材 。”

sòng yǒu jīng shì zhě　yí qiū bǎi sāng　qí gǒng bǎ ér
宋 有 荆 氏 者 ， 宜 楸 柏 桑 。 其 拱 把 而

shàng zhě　qiú jū hóu zhī yì zhě zhǎn zhī　sān wéi sì wéi
上 者 ， 求 狙 猴 之 杙 者 斩 之 ； 三 围 四 围 ，

qiú gāo míng zhī lí zhě zhǎn zhī　qī wéi bā wéi　guì rén fù
求 高 名 之 丽 者 斩 之 ； 七 围 八 围 ， 贵 人 富

shāng zhī jiā qiú shàn bàng zhě zhǎn zhī　gù wèi zhōng qí tiān
商 之 家 求 禅 傍 者 斩 之 。 故 未 终 其 天

nián ér zhōng dào zhī yāo yú fǔ jīn　cǐ cái zhī huàn yě　gù
年 而 中 道 之 夭 于 斧 斤 ， 此 材 之 患 也 。 故

jiě zhī yǐ niú zhī bái sǎng zhě yǔ tún zhī kàng bí zhě　yǔ rén
解 之 以 牛 之 白 颡 者 与 豚 之 亢 鼻 者 ， 与 人

yǒu zhì bìng zhě bù kě yǐ shì hé　　cǐ jiē wū zhù yǐ zhī zhī yǐ
有 痔 病 者 不 可 以 适 河 。 此 皆 巫 祝 以 知 之 矣 ,

suǒ yǐ wéi bù xiáng yě　　cǐ nǎi shén rén zhī suǒ yǐ wéi dà
所 以 为 不 祥 也 。 此 乃 神 人 之 所 以 为 大

xiáng yě
祥 也 。

　　zhī lí shū zhě　　yí yǐn yú qí　　jiān gāo yú dǐng　　huì cuō
　　支 离 疏 者 , 颐 隐 于 脐 , 肩 高 于 顶 , 会 撮

zhǐ tiān　　wǔ guǎn zài shàng liǎng bì wéi xié　　cuò zhēn zhì xiè
指 天 , 五 管 在 上 , 两 髀 为 胁 。 挫 针 治 繲 ,

zú yǐ hú kǒu　　gǔ jiá bō jīng　　zú yǐ shí shí rén　　shàng zhēng
足 以 糊 口 ; 鼓 荚 播 精 , 足 以 食 十 人 。 上 征

wǔ shì　　zé zhī lí rǎng bì yú qí jiān　　shàng yǒu dà yì　　zé
武 士 , 则 支 离 攘 臂 于 其 间 ; 上 有 大 役 , 则

zhī lí yǐ yǒu cháng jí bù shòu gōng shàng yǔ bìng zhě sù　　zé
支 离 以 有 常 疾 不 受 功 ; 上 与 病 者 粟 , 则

shòu sān zhōng yǔ shí shù xīn　　fú zhī lí qí xíng zhě　　yóu
受 三 钟 与 十 束 薪 。 夫 支 离 其 形 者 , 犹

zú yǐ yǎng qí shēn zhōng qí tiān nián　　yòu kuàng zhī lí qí dé
足 以 养 其 身 , 终 其 天 年 , 又 况 支 离 其 德

zhě hū
者 乎 !

　　kǒng zǐ shì chǔ　　chǔ kuáng jiē yú yóu qí mén yuē　　fèng
　　孔 子 适 楚 , 楚 狂 接 舆 游 其 门 曰 : " 凤

xī fèng xī　　hé rú dé zhī shuāi yě　　lái shì bù kě dài　　wǎng
兮 凤 兮 , 何 如 德 之 衰 也 。 来 世 不 可 待 , 往

shì bù kě duī yě　　tiān xià yǒu dào　　shèng rén chéng yān　　tiān
世 不 可 追 也 。 天 下 有 道 , 圣 人 成 焉 ; 天

xià wú dào shèng rén shēng yān　　fāng jīn zhī shí　　jìn miǎn xíng
下 无 道 , 圣 人 生 焉 。 方 今 之 时 , 仅 免 刑

yān　　fú qīng hū yǔ　　mò zhī zhī zǎi　　huò zhòng hū dì　　mò
焉 ! 福 轻 乎 羽 , 莫 之 知 载 ; 祸 重 乎 地 , 莫

之知避。已乎，已乎！临人以德。殆乎，殆
乎！画地而趋。迷阳迷阳，无伤吾行。郤
曲郤曲，无伤吾足！"

山木自寇也；膏火自煎也。桂可食，
故伐之；漆可用，故割之。人皆知有用之
用，而莫知无用之用也。

注音：丁　秀

校对：丁　秀

编校：郭　飚　胡文臻　李　星

<ruby>德<rt>dé</rt></ruby> <ruby>充<rt>chōng</rt></ruby> <ruby>符<rt>fú</rt></ruby>

一

<ruby>鲁<rt>lǔ</rt></ruby> <ruby>有<rt>yǒu</rt></ruby> <ruby>兀<rt>wù</rt></ruby> <ruby>者<rt>zhě</rt></ruby> <ruby>王<rt>wáng</rt></ruby> <ruby>骀<rt>tái</rt></ruby>，<ruby>从<rt>cóng</rt></ruby> <ruby>之<rt>zhī</rt></ruby> <ruby>游<rt>yóu</rt></ruby> <ruby>者<rt>zhě</rt></ruby> <ruby>与<rt>yǔ</rt></ruby> <ruby>仲<rt>zhòng</rt></ruby> <ruby>尼<rt>ní</rt></ruby> <ruby>相<rt>xiāng</rt></ruby> <ruby>若<rt>ruò</rt></ruby>。<ruby>常<rt>cháng</rt></ruby> <ruby>季<rt>jì</rt></ruby> <ruby>问<rt>wèn</rt></ruby> <ruby>于<rt>yú</rt></ruby> <ruby>仲<rt>zhòng</rt></ruby> <ruby>尼<rt>ní</rt></ruby> <ruby>曰<rt>yuē</rt></ruby>：“<ruby>王<rt>wáng</rt></ruby> <ruby>骀<rt>tái</rt></ruby>，<ruby>兀<rt>wù</rt></ruby> <ruby>者<rt>zhě</rt></ruby> <ruby>也<rt>yě</rt></ruby>，<ruby>从<rt>cóng</rt></ruby> <ruby>之<rt>zhī</rt></ruby> <ruby>游<rt>yóu</rt></ruby> <ruby>者<rt>zhě</rt></ruby> <ruby>与<rt>yǔ</rt></ruby> <ruby>夫<rt>fū</rt></ruby> <ruby>子<rt>zǐ</rt></ruby> <ruby>中<rt>zhōng</rt></ruby> <ruby>分<rt>fēn</rt></ruby> <ruby>鲁<rt>lǔ</rt></ruby>。<ruby>立<rt>lì</rt></ruby> <ruby>不<rt>bù</rt></ruby> <ruby>教<rt>jiào</rt></ruby>，<ruby>坐<rt>zuò</rt></ruby> <ruby>不<rt>bù</rt></ruby> <ruby>议<rt>yì</rt></ruby>，<ruby>虚<rt>xū</rt></ruby> <ruby>而<rt>ér</rt></ruby> <ruby>往<rt>wǎng</rt></ruby>，<ruby>实<rt>shí</rt></ruby> <ruby>而<rt>ér</rt></ruby> <ruby>归<rt>guī</rt></ruby>。<ruby>固<rt>gù</rt></ruby> <ruby>有<rt>yǒu</rt></ruby> <ruby>不<rt>bù</rt></ruby> <ruby>言<rt>yán</rt></ruby> <ruby>之<rt>zhī</rt></ruby> <ruby>教<rt>jiào</rt></ruby>，<ruby>无<rt>wú</rt></ruby> <ruby>形<rt>xíng</rt></ruby> <ruby>而<rt>ér</rt></ruby> <ruby>心<rt>xīn</rt></ruby> <ruby>成<rt>chéng</rt></ruby> <ruby>者<rt>zhě</rt></ruby> <ruby>邪<rt>yé</rt></ruby>？<ruby>是<rt>shì</rt></ruby> <ruby>何<rt>hé</rt></ruby> <ruby>人<rt>rén</rt></ruby> <ruby>也<rt>yě</rt></ruby>？”

<ruby>仲<rt>zhòng</rt></ruby> <ruby>尼<rt>ní</rt></ruby> <ruby>曰<rt>yuē</rt></ruby>：“<ruby>夫<rt>fū</rt></ruby> <ruby>子<rt>zǐ</rt></ruby>，<ruby>圣<rt>shèng</rt></ruby> <ruby>人<rt>rén</rt></ruby> <ruby>也<rt>yě</rt></ruby>。<ruby>丘<rt>qiū</rt></ruby> <ruby>也<rt>yě</rt></ruby> <ruby>直<rt>zhí</rt></ruby> <ruby>后<rt>hòu</rt></ruby> <ruby>而<rt>ér</rt></ruby> <ruby>未<rt>wèi</rt></ruby> <ruby>往<rt>wǎng</rt></ruby> <ruby>耳<rt>ěr</rt></ruby>！<ruby>丘<rt>qiū</rt></ruby> <ruby>将<rt>jiāng</rt></ruby> <ruby>以<rt>yǐ</rt></ruby> <ruby>为<rt>wéi</rt></ruby> <ruby>师<rt>shī</rt></ruby>，<ruby>而<rt>ér</rt></ruby> <ruby>况<rt>kuàng</rt></ruby> <ruby>不<rt>bù</rt></ruby> <ruby>若<rt>ruò</rt></ruby> <ruby>丘<rt>qiū</rt></ruby> <ruby>者<rt>zhě</rt></ruby> <ruby>乎<rt>hū</rt></ruby>！<ruby>奚<rt>xī</rt></ruby> <ruby>假<rt>jiǎ</rt></ruby> <ruby>鲁<rt>lǔ</rt></ruby> <ruby>国<rt>guó</rt></ruby>，<ruby>丘<rt>qiū</rt></ruby> <ruby>将<rt>jiāng</rt></ruby> <ruby>引<rt>yǐn</rt></ruby> <ruby>天<rt>tiān</rt></ruby> <ruby>下<rt>xià</rt></ruby> <ruby>而<rt>ér</rt></ruby> <ruby>与<rt>yǔ</rt></ruby> <ruby>从<rt>cóng</rt></ruby> <ruby>之<rt>zhī</rt></ruby>。”

<ruby>常<rt>cháng</rt></ruby> <ruby>季<rt>jì</rt></ruby> <ruby>曰<rt>yuē</rt></ruby>：“<ruby>彼<rt>bǐ</rt></ruby> <ruby>兀<rt>wù</rt></ruby> <ruby>者<rt>zhě</rt></ruby> <ruby>也<rt>yě</rt></ruby>，<ruby>而<rt>ér</rt></ruby> <ruby>王<rt>wàng</rt></ruby> <ruby>先<rt>xiān</rt></ruby> <ruby>生<rt>shēng</rt></ruby>，<ruby>其<rt>qí</rt></ruby> <ruby>与<rt>yǔ</rt></ruby> <ruby>庸<rt>yōng</rt></ruby> <ruby>亦<rt>yì</rt></ruby> <ruby>远<rt>yuǎn</rt></ruby> <ruby>矣<rt>yǐ</rt></ruby>。<ruby>若<rt>ruò</rt></ruby> <ruby>然<rt>rán</rt></ruby> <ruby>者<rt>zhě</rt></ruby>，<ruby>其<rt>qí</rt></ruby> <ruby>用<rt>yòng</rt></ruby> <ruby>心<rt>xīn</rt></ruby> <ruby>也<rt>yě</rt></ruby> <ruby>独<rt>dú</rt></ruby> <ruby>若<rt>ruò</rt></ruby>

zhī hé
之何？”

zhòng ní yuē　　　　sǐ shēng yì dà yǐ　　　ér bù dé yǔ zhī
仲尼曰：“死生亦大矣，而不得与之

biàn　　suī tiān dì fù zhuì　　yì jiāng bù yǔ zhī yí　　shěn hū wú
变；虽天地覆坠，亦将不与之遗；审乎无

jiǎ ér bù yǔ wù qiān　mìng wù zhī huà ér shǒu qí zōng yě
假而不与物迁，命物之化而守其宗也。”

cháng jì yuē　　hé wèi yě
常季曰：“何谓也？”

zhòng ní yuē　　　zì qí yì zhě shì zhī　　gān dǎn chǔ yuè
仲尼曰：“自其异者视之，肝胆楚越

yě　　zì qí tóng zhě shì zhī　　wàn wù jiē yī yě　　fú ruò rán
也；自其同者视之，万物皆一也。夫若然

zhě　　qiě bù zhī ěr mù zhī suǒ yí　　ér yóu xīn hū dé zhī hé
者，且不知耳目之所宜，而游心乎德之和。

wù shì qí suǒ yī ér bù jiàn qí suǒ sàng　　shì sàng qí zú yóu yí
物视其所一而不见其所丧，视丧其足犹遗

tǔ yě
土也。”

cháng jì yuē　　bǐ wéi jǐ　　yǐ qí zhì dé qí xīn　　yǐ
常季曰：“彼为己，以其知得其心，以

qí xīn dé qí cháng xīn　　wù hé wéi zuì zhī zāi
其心得其常心，物何为最之哉？”

zhòng ní yuē　　rén mò jiàn yú liú shuǐ ér jiàn yú zhǐ shuǐ
仲尼曰：“人莫鉴于流水而鉴于止水，

wéi zhǐ néng zhǐ zhòng zhǐ　　shòu mìng yú dì　　wéi sōng bǎi dú
唯止能止众止。受命于地，唯松柏独

yě zhèng　zài dōng xià qīng qīng　shòu mìng yú tiān　wéi yáo shùn
也正，在冬夏青青；受命于天，唯尧舜

dú yě zhèng　zài wàn wù zhī shǒu　xìng néng zhèng shēng　yǐ
独也正，在万物之首。幸能正生，以

zhèng zhòng shēng fú bǎo shǐ zhī zhēng bù jù zhī shí yǒng shì
正 众 生。夫 保 始 之 征，不 惧 之 实，勇 士

yī rén xióng rù yú jiǔ jūn jiāng qiú míng ér néng zì yào zhě ér
一 人，雄 入 于 九 军。将 求 名 而 能 自 要 者 而

yóu ruò shì ér kuàng guān tiān dì fǔ wàn wù zhí yù liù
犹 若 是，而 况 官 天 地、府 万 物、直 寓 六

hái xiàng ěr mù yī zhì zhī suǒ zhī ér xīn wèi cháng sǐ zhě
骸、象 耳 目、一 知 之 所 知，而 心 未 尝 死 者

hū bǐ qiě zé rì ér dēng jiǎ rén zé cóng shì yě bǐ qiě
乎！彼 且 择 日 而 登 假，人 则 从 是 也。彼 且

hé kěn yǐ wù wéi shì hū
何 肯 以 物 为 事 乎！"

二

shēn tú jiā wù zhě yě ér yǔ zhèng zǐ chǎn tóng shī
申 徒 嘉，兀 者 也，而 与 郑 子 产 同 师

yú bó hūn wú rén zǐ chǎn wèi shēn tú jiā yuē wǒ xiān chū
于 伯 昏 无 人。子 产 谓 申 徒 嘉 曰："我 先 出

zé zǐ zhǐ zǐ xiān chū zé wǒ zhǐ qí míng rì yòu yǔ
则 子 止，子 先 出 则 我 止。"其 明 日，又 与

hé táng tóng xí ér zuò zǐ chǎn wèi shēn tú jiā yuē wǒ
合 堂 同 席 而 坐。子 产 谓 申 徒 嘉 曰："我

xiān chū zé zǐ zhǐ zǐ xiān chū zé wǒ zhǐ jīn wǒ jiāng chū
先 出 则 子 止，子 先 出 则 我 止。今 我 将 出，

zǐ kě yǐ zhǐ hū qí wèi yé qiě zǐ jiàn zhí zhèng ér bù
子 可 以 止 乎？其 未 邪？且 子 见 执 政 而 不

wéi zǐ qí zhí zhèng hū
违，子 齐 执 政 乎？"

shēn tú jiā yuē xiān shēng zhī mén gù yǒu zhí zhèng yān
申 徒 嘉 曰："先 生 之 门，固 有 执 政 焉

如此哉？子而说子之执政而后人者也。闻
之曰：'鉴明则尘垢不止，止则不明也。
久与贤人处则无过。'今子之所取大者，先
生也，而犹出言若是，不亦过乎？"

子产曰："子既若是矣，犹与尧争善。
计子之德，不足以自反邪？"

申徒嘉曰："自状其过，以不当亡
者众；不状其过，以不当存者寡。知不
可奈何而安之若命，唯有德者能之。游于
羿之彀中。中央者，中地也；然而不中
者，命也。人以其全足笑吾不全足者多
矣，我怫然而怒，而适先生之所，则废然
而反。不知先生之洗我以善邪，吾之自
寤邪？吾与夫子游十九年矣，而未尝知吾
兀者也。今子与我游于形骸之内，而子索
我于形骸之外，不亦过乎！"

子产蹴然改容更貌曰："子无乃称！"

三

鲁有兀者叔山无趾，踵见仲尼。仲尼曰："子不谨，前既犯患若是矣。虽今来，何及矣！"

无趾曰："吾唯不知务而轻用吾身，吾是以亡足。今吾来也，犹有尊足者存，吾是以务全之也。夫天无不覆，地无不载，吾以夫子为天地，安知夫子之犹若是也！"

孔子曰："丘则陋矣！夫子胡不入乎？请讲以所闻。"

无趾出。孔子曰："弟子勉之！夫无趾，兀者也，犹务学以复补前行之恶，而况全德之人乎！"

无趾语老聃曰："孔丘之于至人，其未邪？彼何宾宾以学子为？彼且蕲以諔诡幻怪之名闻，不知至人之以是为己桎梏邪？"

老聃曰："胡不直使彼以死生为一条，以可不可为一贯者，解其桎梏，其可乎？"

无趾曰："天刑之，安可解！"

四

鲁哀公问于仲尼曰："卫有恶人焉，曰哀骀它。丈夫与之处者，思而不能去也；妇人见之，请于父母曰'与为人妻，宁为夫子妾'者，十数而未止也。未尝有闻其唱者也，常和人而已矣。无君人之位以济乎人之死，无聚禄以望人之腹，又以恶骇天下，和而不唱，知不出乎四域，且而雌雄合乎前，是必有异乎人者也。寡

人召而观之，果以恶骇天下。与寡人处，

不至以月数，而寡人有意乎其为人也；不

至乎期年，而寡人信之。国无宰，寡人传

国焉。闷然而后应，泛然而若辞。寡人丑

乎，卒授之国。无几何也，去寡人而行。

寡人恤焉若有亡也，若无与乐是国也。

是何人者也！"

仲尼曰："丘也尝使于楚矣，适见独

子食于其死母者。少焉眴若，皆弃之而走。

不见己焉尔，不得其类焉尔。所爱其母者，

非爱其形也，爱使其形者也。战而死者，

其人之葬也不以翣资；刖者之屦，无为爱

之。皆无其本矣。为天子之诸御，不爪

翦，不穿耳；取妻者之于外，不得复使。

形全犹足以为尔，而况全德之人乎！

今哀骀它未言而信，无功而亲，使人授己

国，唯恐其不受也，是必才全而德不形
者也。"

哀公曰："何谓才全？"

仲尼曰："死生、存亡、穷达、贫富、
贤与不肖、毁誉、饥渴、寒暑，是事之变，
命之行也。日夜相代乎前，而知不能规
乎其始者也。故不足以滑和，不可入于灵
府。使之和豫通而不失于兑。使日夜无隙而
与物为春，是接而生时于心者也。是之谓
才全。"

"何谓德不形？"

曰："平者，水停之盛也。其可以为法
也，内保之而外不荡也。德者，成和之修
也。德不形者，物不能离也。"

哀公异日以告闵子曰："始也吾以南
面而君天下，执民之纪而忧其死，吾自

以为至通矣。今吾闻至人之言，恐吾无其实，轻用吾身而亡其国。吾与孔丘，非君臣也，德友而已矣！"

五

闉跂支离无脤说卫灵公，灵公说之，而视全人，其脰肩肩。瓮㼜大瘿说齐桓公，桓公说之，而视全人，其脰肩肩。故德有所长而形有所忘。人不忘其所忘，而忘其所不忘，此谓诚忘。

故圣人有所游，而知为孽，约为胶，德为接，工为商。圣人不谋，恶用知？不斫，恶用胶？无丧，恶用德？不货，恶用商？四者，天鬻也。天鬻者，天食也。既受食于天，又恶用人！

有人之形，无人之情。有人之形，故群

于人；无人之情，故是非不得于身。眇乎小哉，所以属于人也；謷乎大哉，独成其天。

六

惠子谓庄子曰："人故无情乎？"

庄子曰："然。"

惠子曰："人而无情，何以谓之人？"

庄子曰："道与之貌，天与之形，恶得不谓之人？"

惠子曰："既谓之人，恶得无情？"

庄子曰："是非吾所谓情也。吾所谓无情者，言人之不以好恶内伤其身，常因自然而不益生也。"

惠子曰："不益生，何以有其身？"

庄子曰："道与之貌，天与之形，无以好恶内伤其身。今子外乎子之神，劳乎子

zhī jīng　　yǐ shù ér yín　　jù gǎo wú ér míng　tiān xuǎn zǐ zhī
之 精， 倚 树 而 吟， 据 槁 梧 而 瞑。 天 选 子 之
xíng　　zǐ yǐ jiān bái míng
形， 子 以 坚 白 鸣。"

注音：张　利

校对：张　利

编校：郭　飚　胡文臻　李　星

大宗师
dà zōng shī

知天之所为，知人之所为者，至矣！知
zhī tiān zhī suǒ wéi　　zhī rén zhī suǒ wéi zhě　　zhì yǐ　zhī

天之所为者，天而生也；知人之所为者，
tiān zhī suǒ wéi zhě　　tiān ér shēng yě　　zhī rén zhī suǒ wéi zhě

以其知之所知，以养其知之所不知，终其
yǐ qí zhì zhī suǒ zhī　　yǐ yǎng qí zhì zhī suǒ bù zhī　zhōng qí

天年而不中道夭者，是知之盛也。虽
tiān nián ér bù zhōng dào yāo zhě　　shì zhì zhī shèng yě　suī

然，有患。夫知有所待而后当，其所待者
rán　　yǒu huàn　　fú zhì yǒu suǒ dài ér hòu dàng　qí suǒ dài zhě

特未定也。庸讵知吾所谓天之非人乎？所
tè wèi dìng yě　　yōng jù zhī wú suǒ wèi tiān zhī fēi rén hū　suǒ

谓人之非天乎？且有真人而后有真知。
wèi rén zhī fēi tiān hū　　qiě yǒu zhēn rén ér hòu yǒu zhēn zhī

何谓真人？古之真人，不逆寡，不雄
hé wèi zhēn rén　　gǔ zhī zhēn rén　　bù nì guǎ　bù xióng

成，不谟士。若然者，过而弗悔，当而不自
chéng　bù mó shì　　ruò rán zhě　　guò ér fú huǐ　dāng ér bù zì

得也。若然者，登高不慄，入水不濡，入
dé yě　　ruò rán zhě　　dēng gāo bù lì　　rù shuǐ bù rú　rù

火不热。是知之能登假于道者也若此。
huǒ bù rè　　shì zhì zhī néng dēng gé yú dào zhě yě ruò cǐ

古之真人，其寝不梦，其觉无忧，其食不甘，其息深深。真人之息以踵，众人之息以喉。屈服者，其嗌言若哇。其耆欲深者，其天机浅。

古之真人，不知说生，不知恶死。其出不欣，其入不距。翛然而往，翛然而来而已矣。不忘其所始，不求其所终。受而喜之，忘而复之。是之谓不以心捐道，不以人助天，是之谓真人。若然者，其心忘，其容寂，其颡頯。凄然似秋，暖然似春，喜怒通四时，与物有宜而莫知其极。

故圣人之用兵也，亡国而不失人心；利泽施乎万世，不为爱人。故乐通物，非圣人也；有亲，非仁也；天时，非贤也；利害不通，非君子也；行名失己，非士也；亡身不真，非役人也。若狐不偕、务光、伯夷、叔齐、箕子、胥馀、纪他、申徒狄，是役人之役，适人之适，而不自适其适者也。

古之真人，其状义而不朋，若不足而不承；与乎其觚而不坚也，张乎其虚而不华也；邴乎其似喜也，崔乎其不得已也。滀乎进我色也，与乎止我德也，广乎其似世也，警乎其未可制也，连乎其似好闭也，悗乎忘其言也。以刑为体，以礼为翼，以知为时，以德为循。以刑为体者，绰乎其杀也；以礼为翼者，所以行于世也；以知为时者，不得已于事也；以德为循者，言其与有足者至于丘也，而人真以为勤行者也。故其好之也一，其弗好之也一。其一也一，其不一也一。其一与天为徒，其不一与人为徒，天与人不相胜也，是之谓真人。

死生，命也；其有夜旦之常，天也。人之有所不得与，皆物之情也。彼特以天为父，而身犹爱之，而况其卓乎！人特以有君为愈乎己，而身犹死之，而况其真乎！

泉涸，鱼相与处于陆，相呴以湿，相濡以沫，不如相忘于江湖。与其誉尧而非桀也，不如两忘而化其道。夫大块载我以形，劳我以生，佚我以老，息我以死。故善吾生者，乃所以善吾死也。

夫藏舟于壑，藏山于泽，谓之固矣！然而夜半有力者负之而走，昧者不知也。藏小大有宜，犹有所遁。若夫藏天下于天下而不得所遁，是恒物之大情也。特犯人之形而犹喜之。若人之形者，万化而未始有极也，其为乐可胜计邪？故圣人将游于物之所不得遁而皆存。善妖善老，善始善终，人犹效之，又况万物之所系而一化之所待乎！

夫道有情有信，无为无形；可传而不可受，可得而不可见；自本自根，未有天地，自古以固存；神鬼神帝，生天生地；在太极之先而不为高，在六极之下而不为深，先天地生而不为久，长于上古而不为老。豨韦氏得之，以挈天地；伏戏氏得之，以袭气母；维斗得之，终古不忒；日月得之，终古不息；勘坏得之，以袭昆仑；冯夷得之，以游大川；肩吾得之，以处大山；黄帝得之，以登云天；颛顼得之，以处玄得宫；禺强得之，立乎北极；西王母得之，坐乎少广。莫知其始，莫知其终。彭祖得之，上及有虞，下及五伯；

57

fù yuè dé zhī　　yǐ xiàng wǔ dīng　　yǎn yǒu tiān xià　chéng dōng
傅 说 得 之 ， 以 相 武 丁 ， 奄 有 天 下 ， 乘 东

wéi　　qí jī wěi　　ér bǐ yú liè xīng
维 ， 骑 箕 尾 ， 而 比 于 列 星 。

nán bó zǐ kuí wèn hū nǚ yǔ yuē　　zǐ zhī nián zhǎng yǐ
南 伯 子 葵 问 乎 女 偊 曰 ："子 之 年 长 矣 ，

ér sè ruò rú zǐ　　hé yě
而 色 若 孺 子 ， 何 也 ？"

yuē　　wú wén dào yǐ
曰 ："吾 闻 道 矣 。"

nán bó zǐ kuí yuē　　dào kě dé xué yé
南 伯 子 葵 曰 ："道 可 得 学 邪 ？"

yuē　　wū　　wū kě　　zǐ fēi qí rén yě　　fú bǔ liáng
曰 ："恶 ！ 恶 可 ！ 子 非 其 人 也 。 夫 卜 梁

yǐ yǒu shèng rén zhī cái ér wú shèng rén zhī dào　　wǒ yǒu shèng
倚 有 圣 人 之 才 而 无 圣 人 之 道 ， 我 有 圣

rén zhī dào ér wú shèng rén zhī cái　　wú yù yǐ jiào zhī　　shù jǐ
人 之 道 而 无 圣 人 之 才 。 吾 欲 以 教 之 ， 庶 几

qí guǒ wéi shèng rén hū　　bù rán　　yǐ shèng rén zhī dào gào
其 果 为 圣 人 乎 ！ 不 然 ， 以 圣 人 之 道 告

shèng rén zhī cái　　yì yì yǐ　　wú yóu gào ér shǒu zhī　　sān
圣 人 之 才 ， 亦 易 矣 。 吾 犹 告 而 守 之 ， 三

rì ér hòu néng wài tiān xià　　yǐ wài tiān xià yǐ　　wú yòu shǒu
日 而 后 能 外 天 下 ； 已 外 天 下 矣 ， 吾 又 守

zhī　　qī rì ér hòu néng wài wù　　yǐ wài wù yǐ　　wú yòu
之 ， 七 日 而 后 能 外 物 ； 已 外 物 矣 ， 吾 又

shǒu zhī　　jiǔ rì ér hòu néng wài shēng　　yǐ wài shēng yǐ　　ér
守 之 ， 九 日 而 后 能 外 生 ； 已 外 生 矣 ， 而

hòu néng cháo chè　　cháo chè　　ér hòu néng jiàn dú　　jiàn dú
后 能 朝 彻 ； 朝 彻 ， 而 后 能 见 独 ； 见 独 ，

ér hòu néng wú gǔ jīn　　wú gǔ jīn　　ér hòu néng rù yú bù sǐ
而 后 能 无 古 今 ； 无 古 今 ， 而 后 能 入 于 不 死

不生。杀生者不死，生生者不生。其为物，无不将也，无不迎也，无不毁也，无不成也。其名为撄宁。撄宁也者，撄而后成者也。"

南伯子葵曰："子独恶乎闻之？"

曰："闻诸副墨之子，副墨之子闻诸洛诵之孙，洛诵之孙闻之瞻明，瞻明闻之聂许，聂许闻之需役，需役闻之於讴，於讴闻之玄冥，玄冥闻之参寥，参寥闻之疑始。"

子祀、子舆、子犁、子来四人相与语曰："孰能以无为首，以生为脊，以死为尻；孰知死生存亡之一体者，吾与之友矣！"四人相视而笑，莫逆于心，遂相与为友。俄而子舆有病，子祀往问之。曰："伟哉，夫造物者将以予为此拘拘也。曲偻发背，上有五管，颐隐于齐，肩高于顶，句赘指天，阴阳之气有沴，其心闲而无事，跰而鉴于井，曰："嗟乎！夫造物者又将以予为此拘拘也。"

子祀曰："女恶之乎？"

曰："亡，予何恶！浸假而化予之左臂以为鸡，予因以求时夜；浸假而化予之右臂以为弹，予因以求鸮炙；浸假而化予之尻以为轮，以神为马，予因以乘之，岂更驾哉！且夫得者，时也；失者，顺也。安时而处顺，哀乐不能入也，此古之所谓县解也，而不能自解者，物有结之。且夫物不胜天久矣，吾又何恶焉！"

俄而子来有病，喘喘然将死。其妻子环而泣之。子犁往问之，曰："叱！避！无怛化！"倚其户与之语曰："伟哉造化！

又将奚以汝为？将奚以汝适？以汝为鼠肝乎？以汝为虫臂乎？"子来曰："父母于子，东西南北，唯命之从。阴阳于人，不翅于父母。彼近吾死而我不听，我则悍矣，彼何罪焉？夫大块以载我以形，劳我以生，佚我以老，息我以死。故善吾生者，乃所以善吾死也。今大冶铸金，金踊跃曰：'我且必为镆铘！'大冶必以为不祥之金。今一犯人之形而曰：'人耳！人耳！'夫造化者必以为不祥之人。今一以天地为大炉，以造化为大冶，恶乎往而不可哉！"成然寐，蘧然觉。

子桑户、孟子反、子琴张三人相与友，曰："孰能相与于无相与，相为于无相为？孰能登天游雾，挠挑无极，相忘以生，无所穷终？"三人相视而笑，莫逆于心，遂相与为友。

莫然有间，而子桑户死，未葬。孔子闻之，使子贡往侍事焉。或编曲，或鼓琴，相和而歌曰："嗟来桑户乎！嗟来桑户乎！而已反其真，而我犹为人猗！"子贡趋而进曰："敢问临尸而歌，礼乎？"

二人相视而笑曰："是恶知礼意！"

子贡反，以告孔子曰："彼何人者邪？修行无有，而外其形骸，临尸而歌，颜色不变，无以命之。彼何人者邪？"孔子曰："彼游方之外者也，而丘游方之内者也。外内不相及，而丘使女往吊之，丘则陋矣！彼方且与造物者为人，而游乎天地之一气。彼以生为附赘县疣，以死为决疣溃痈。夫若然者，又恶知死生先后之所在！假于异物，托于同体；忘其肝胆，遗其耳目；反复终始，不知端倪；芒然彷徨乎尘垢之外，逍遥乎无为之业。彼又恶能愦愦然为世俗之礼，以观众人之耳目哉！"子贡曰："然则夫子何方之依？"孔子曰："丘，天之戮民也。虽然，吾与汝共之。"子贡曰："敢问其方？"孔子曰："鱼相造乎水，人相造乎道。相造乎水者，穿池而养给；相造乎道者，无事而生定。故曰：鱼相忘乎江湖，人相忘乎道术。"子贡曰："敢问畸人？"曰："畸人者，畸于人而侔于天。故曰：天之小人，人之君子；人之君子，天之小人也。"

颜回问仲尼曰："孟孙才，其母死，哭泣无涕，中心不戚，居丧不哀。无是三者，以善处丧盖鲁国，固有无其实而得其名者乎？回壹怪之。"

仲尼曰:"夫孟孙氏尽之矣,进于知矣,唯简之而不得,夫已有所简矣。孟孙氏不知所以生,不知所以死。不知就先,不知就后。若化为物,以待其所不知之化已乎。且方将化,恶知不化哉?方将不化,恶知已化哉?吾特与汝,其梦未始觉者邪!且彼有骇形而无损心,有旦宅而无情死。孟孙氏特觉,人哭亦哭,是自其所以乃。且也相与'吾之'耳矣,庸讵知吾所谓'吾之'乎?且汝梦为鸟而厉乎天,梦为鱼而没于渊。不识今之言者,其觉者乎?其梦者乎?造适不及笑,献笑不及排,安排而去化,乃入于寥天一。"

意而子见许由,许由曰:"尧何以资汝?"意而子曰:"尧谓我:'汝必躬服仁义而明言是非。'"许由曰:"而奚来为轵?夫尧既已黥汝以仁义，而劓汝以是非矣。汝将何以游夫遥荡恣睢转徙之涂乎？"意而子曰："虽然，吾愿游于其藩。"许由曰："不然。夫盲者无以与乎眉目颜色之好，瞽者无以与乎青黄黼黻之观。"意而子曰："夫无庄之失其美，据梁之失其力，黄帝之亡其知，皆在炉捶之间耳。庸讵知夫造物者之不息我黥而补我劓，使我乘成以随先生邪？"许由曰："噫！未可知也。我为汝言其大略：吾师乎！吾师乎！齑万物而不为义，泽及万世而不为仁，长于上古而不为老，覆载天地、刻雕众形而不为巧。此所游已！"

颜回曰："回益矣。"仲尼曰："何谓也？"曰："回忘仁义矣。"曰："可矣，犹未也。"他日复见，曰："回益矣。"曰："何

65

谓也？"曰："回忘礼乐矣！"曰："可矣，犹未也。"他日复见，曰："回益矣！"曰："何谓也？"曰："回坐忘矣。"仲尼蹴然曰："何谓坐忘？"颜回曰："堕肢体，黜聪明，离形去知，同于大通，此谓坐忘。"仲尼曰："同则无好也，化则无常也。而果其贤乎！丘也请从而后也。"

子舆与子桑友。而霖雨十日，子舆曰："子桑殆病矣！"裹饭而往食之。至子桑之门，则若歌若哭，鼓琴曰："父邪？母邪？天乎？人乎？"有不任其声而趋举其诗焉。

子舆入，曰："子之歌诗，何故若是？"曰："吾思夫使我至此极者而弗得也。父母岂欲吾贫哉？天无私覆，地无私载，天地岂私贫我哉？求其为之者而不得也。然而至此极者，命也夫！"

注音：王洪波

校对：张　利

编校：郭　飚　胡文臻　李　星

应帝王
yīng dì wáng

啮缺问于王倪，四问而四不知。啮缺
niè quē wèn yú wáng ní   sì wèn ér sì bù zhī   niè quē

因跃而大喜，行以告蒲衣子。蒲衣子曰：
yīn yuè ér dà xǐ   xíng yǐ gào pú yī zǐ   pú yī zǐ yuē

"而乃今知之乎？有虞氏不及泰氏。有虞氏
ér nǎi jīn zhī zhī hū   yǒu yú shì bù jí tài shì   yǒu yú shì

其犹藏仁以要人，亦得人矣，而未始出于
qí yóu cáng rén yǐ yào rén   yì dé rén yǐ   ér wèi shǐ chū yú

非人。泰氏其卧徐徐，其觉于于。一以己为
fēi rén   tài shì qí wò xú xú   qí jiào yú yú   yī yǐ jǐ wéi

马，一以己为牛。其知情信，其德甚真，
mǎ   yī yǐ jǐ wéi niú   qí zhī qíng xìn   qí dé shèn zhēn

而未始入于非人。"
ér wèi shǐ rù yú fēi rén

肩吾见狂接舆。狂接舆曰："日中始
jiān wú jiàn kuáng jiē yú   kuáng jiē yú yuē   rì zhōng shǐ

何以语女？"肩吾曰："告我：'君人者以己
hé yǐ yù rǔ   jiān wú yuē   gào wǒ   jūn rén zhě yǐ jǐ

出经式义度，人孰敢不听而化诸！'"
chū jīng shì yì dù   rén shú gǎn bù tīng ér huà zhū

狂接舆曰："是欺德也。其于治天下
kuáng jiē yú yuē   shì qī dé yě   qí yú zhì tiān xià

也，犹涉海凿河，而使蚊负山也。夫圣

人之治也，治外乎？正而后行，确乎能

其事者而已矣。且鸟高飞以避矰弋之害，

鼷鼠深穴乎神丘之下以避熏凿之患，而

曾二虫之无知？”

天根游于殷阳，至蓼水之上，适遭无

名人而问焉，曰："请问为天下。"无名

人曰："去！汝鄙人也，何问之不豫也！予

方将与造物者为人，厌则又乘夫莽眇

之鸟，以出六极之外，而游无何有之乡，

以处圹埌之野。汝又何帠以治天下感予

之心为？"又复问，无名人曰："汝游心于

淡，合气于漠，顺物自然而无容私焉，而

天下治矣。"

阳子居见老聃，曰："有人于此，向疾

强梁，物彻疏明，学道不倦。如是者，可

<ruby>比 míng 明 wáng 王 hū 乎</ruby>？"

老聃曰："是于圣人也，胥易技系，劳形怵心者也。且也虎豹之文来田，猨狙之便、执斄之狗来藉。如是者，可比明王乎？"

阳子居蹴然曰："敢问明王之治。"

老聃曰："明王之治：功盖天下而似不自己，化贷万物而民弗恃；有莫举名，使物自喜；立乎不测，而游于无有者也。"

郑有神巫曰季咸，知人之死生、存亡、祸福、寿夭，期以岁月旬日，若神。郑人见之，皆弃而走。列子见之而心醉，归，以告壶子，曰："始吾以夫子之道为至矣，则又有至焉者矣。"

壶子曰："吾与汝既其文，未既其实。而固得道与？众雌而无雄，而又奚卵焉！

而以道与世亢，必信，夫故使人得而相

汝。尝试与来，以予示之。"

明日，列子与之见壶子。出而谓列子

曰："嘻！子之先生死矣！弗活矣！不以

旬数矣！吾见怪焉，见湿灰焉。"列子入，

泣涕沾襟以告壶子。壶子曰："乡吾示之

以地文，萌乎不震不止，是殆见吾杜德机

也。尝又与来。"

明日，又与之见壶子。出，而谓列子

曰："幸矣！子之先生遇我也，有瘳矣！

全然有生矣！吾见其杜权矣！"列子入，

以告壶子。壶子曰："乡吾示之以天壤，名

实不入，而机发于踵。是殆见吾善者机也。

尝又与来。"

明日，又与之见壶子。出，而谓列子

曰："子之先生不齐，吾无得而相焉。试

71

齐，且复相之。"列子入，以告壶子。壶子

曰："吾乡示之以以太冲莫胜，是殆见吾

衡气机也。鲵桓之审为渊，止水之审

为渊，流水之审为渊。渊有九名，此处

三焉。尝又与来。"

明日，又与之见壶子。立未定，自失

而走。壶子曰："追之！"列子追之不及。

反，以报壶子曰："已灭矣，已失矣，吾弗

及已。"壶子曰："乡吾示之以未始出吾宗。

吾与之虚而委蛇，不知其谁何，因以为弟

靡，因以为波流，故逃也。"然后列子自以

为未始学而归。三年不出，为其妻爨，食

豕如食人，于事无与亲。雕琢复朴，块然

独以其形立。纷而封哉，一以是终。

无为名尸，无为谋府，无为事任，无

为知主。体尽无穷，而游无朕。尽其所受

hū tiān ér wú xiàn dé　　yì xū ér yǐ　　zhì rén zhī yòng xīn ruò
乎 天 而 无 见 得 ，　亦 虚 而 已 ！　至 人 之 用 心 若

jìng　　bù jiāng bù yíng　　yìng ér bù cáng　　gù néng shèng wù ér
镜 ，　不 将 不 迎 ，　应 而 不 藏 ，　故 能 胜 物 而

bù shāng
不 伤 。

nán hǎi zhī dì wéi shū　　běi hǎi zhī dì wéi hū　　zhōng yāng
南 海 之 帝 为 儵 ，　北 海 之 帝 为 忽 ，　中 央

zhī dì wéi hún dùn　　shū yǔ hū shí xiāng yǔ yù yú hún dùn zhī
之 帝 为 浑 沌 。　儵 与 忽 时 相 与 遇 于 浑 沌 之

dì　　hún dùn dài zhī shèn shàn　　shū yǔ hū móu bào hún dùn zhī
地 ，　浑 沌 待 之 甚 善 。　儵 与 忽 谋 报 浑 沌 之

dé　　yuē　　rén jiē yǒu qī qiào yǐ shì tīng shí xī　　cǐ dú
德 ，　曰 ："人 皆 有 七 窍 以 视 听 食 息 ，　此 独

wú yǒu　　cháng shì záo zhī　　rì záo yī qiào　　qī rì ér hún
无 有 ，　尝 试 凿 之 。"日 凿 一 窍 ，　七 日 而 浑

dùn sǐ
沌 死 。

注音：徐晓静

校对：张　利

编校：郭　飚　胡文臻　李　星